문학과지성 시인선 426

슬프다 할 뻔했다

구광렬 시집

문학과지성사

문학과지성 시인선 426
슬프다 할 뻔했다

초판 1쇄 발행 2013년 3월 29일
초판 2쇄 발행 2013년 7월 12일

지 은 이 구광렬
펴 낸 이 주일우
펴 낸 곳 ㈜문학과지성사

등록번호 제1993-000098호
주　　소 121-840 서울 마포구 서교동 395-2
전　　화 02)338-7224
팩　　스 02)323-4180(편집)　02)338-7221(영업)
전자우편 moonji@moonji.com
홈페이지 www.moonji.com

ⓒ 구광렬, 2013. Printed in Seoul, Korea

ISBN 978-89-320-2399-1

* 이 책의 판권은 지은이와 ㈜문학과지성사에 있습니다.
　양측의 서면 동의 없는 무단 전재 및 복제를 금합니다.
* 지은이는 2012년 아르코문학창작기금을 받았습니다.

문학과지성 시인선 426
슬프다 할 뻔했다

구광렬

2013

시인의 말

시는,
글이라는 새장 속에 갇힌 새인지 모른다.
새장을 열어 그 새를 풀어주고 싶지만
영영 돌아오지 않을 것 같아
새장의 크기를 늘리는 쪽을 택했다.
언젠가 그 새장, 오롯이 걷어낼 수 있을 날을 기다리며.

2013년 3월
구광렬

슬프다 할 뻔했다

차례

시인의 말

제1부 瞬

슬쁨 9
인중의 길이 10
A와 B 11
P의 자취방은 바다 같았다 14
Topoema 4 16
뜰채 17
야옹 20
고별 무대 22
강문수내과 가는 길 24
문득, 26
송광사 가는 길 27
풀무질과 어머니 32
피난길 34
어머니 전상서 36
걸레 38

제2부 廻

天地創造/脈搏 篇　41
커피를 타다가　47
반귀머거리　48
4시 10분　50
Y에게　52
개성만두집　54
6월의 이별　56
화장터 매점 김 씨　58
황혼　60
고요　62
아말피 레스토랑에서　64
기차가 산다　67
파타고니아에선　68
탱고의 기원　70
아니, 바라던 자세가 아니었나　73
까만 올리브　76
테킬라Tequila　78
죽음을 기다리는 즐거움　80
케찰코아틀　88

제3부 間

間 22　91
間 23　95
間 24　97

間 25 100
間 26 104
間 27 105
間 28 108
間 29 110
間 30 111
間 31 113
間 32 115
間 33 117
間 34 118
間 35 120
間 36 122
間 37 123
間 38 125
間 39 128
間 40 129
間 41 131
間 42 133
間 43 134
間 44 137

해설 | 자아해체의 심연을 건너는 미학적 모험
  염무웅 138

제1부 瞬

슬쁨*

 새 한 마리 날자 숲의 밑자락 굳기 시작한다 나무들과 난 거친 파피루스 속 풍경이 되어 원근을 잃어간다 그림 속에 갇히기 싫은 새는 푸드득 날갯짓하지만 다리와 꽁지가 그림 속에 갇힌다
 반 이상 그림이 돼버린 산 그림자, 산들바람에도 팔랑인다 그림 밖 새의 몸통에서 떨어지는 깃털은 그림 속 치켜든 내 얼굴을 간질이다 옷자락 무늬가 되기도, 하지만 부피 없이 가라앉는다
 난 무량한 점으로 이루어진 선, 기력을 다해 몸의 끝점을 그림 밖으로 밀쳐보지만 빠져나가는 건 해 질 녘 연기 같은 내 그림자뿐. 믿을 건 기도밖에 없으나 기도는 내 몸의 지도를 더듬을 때만 역사하는 것이니 부피 없는 두 손을 모을 순 없고
 흐르는 구름 아래 정지된 숲, 몸통의 반이 그림 밖으로 돌출된 새, 까악까악 슬피 노래하다 기쁨으로 우는, 막 빠져나가버린 내 그림자 반 장

  * 슬쁨: 슬픔과 기쁨의 합성 조어.

인중의 길이

　호모 플로레시엔시스 시절, 암모나이트 자갈구이를 먹은 뒤 후식으로 뜯어 먹던 꽃 내음을 절벽 쪽에서 맡고선, 길게 손을 뻗어 꽃대를 당겨 곧장 입으로 가져가 생전 닦지 않은 이빨로 원시녀의 귓불을 깨물듯 꽃받침을 깨물고, 설태가 허옇게 낀 혓바닥으로 낭창 꽃잎을 핥다가, 마침내 털이 삐쭉 솟은 콧구멍으로 가져가기까지 걸린 세화(歲華)

A와 B*

1

수저 한 벌을 더 놓는다 식당 여주인, 한 사람 더 있느냐 묻는다 내 입은 아니오라고 말하지만 눈은 예라 한다

접시 위 생선 두 마리, 오병이어의 이어(二魚)를 생각게 한다 가만 보니 그중 한 마리엔 눈알이 없다 난, 접시를 돌려 생선 머리를 창 쪽으로 둔다
동과 서, 마주 보는 두 개의 육신, 메워질 살점들. 창가 노을은 하루의 가면 중 가장 아름다운 것이건만 내 혀뿌린 A라는 낱말을 뱉을 수가 없다

2

내 입이 짧을 거라 생각했는지 식당 여주인, 막 잡아 온 거라며 종지에 회 몇 점을 담아 온다 난 괜찮

다…… 고맙다, 잘 먹겠습니다 한다

 한 점을 젓가락으로 집는다 창밖 수평선이 청숫돌에 간 칼날만큼이나 예리하다
 막 죽은 고기의 살점과 내 살점과의 차이는 실핏줄 속 핏방울의 온도 차이. 아니, 냉골 방 아래 온수 파이프를 위한 연탄 한 장 차이.

 아직은 말랑말랑한 내 혀는 두 개의 살점을 잘도 구분시켜 그중 하나만을 이빨 사이로 밀어 넣건만, 내 혀뿌린 B라는 낱말조차 뱉을 수가 없다

   3

 안쪽 뺨이 자꾸 가려워지는 것이다 좀처럼 살점에 살점이 이식되질 않는다 맞은편 수저 한 벌을 손으로 흩뜨리고 나오는데 창밖 수평선이 눈물샘 아래로 처

진다

　불 밝힌 창을 듣는 일은 비애만큼이나 사치일까 '녹차 한잔 드릴까요'라는 여주인의 말에 하마터면 슬프다 할 뻔했다

　＊ A와 B: 옥타비오 파스Octavio Paz가 말하는 오브라 아비에르타 (Obra abierta, 개방작품)의 양극인 내포connotation와 외연 denotation을 각각 상징함.

P의 자취방은 바다 같았다
—슈베르트의 「숭어」를 들으며

　대화가 끊어지면 밤공기가 밀려왔다 쏴아, 그 소린 카세트테이프 헛감기는 소리와 비슷했다
　발아랜, 숭어들이 노닐고 난, 뻐끔담배를 피웠다 도넛 같은 담배 연기가 길게 풀어지면서 수평선의 끝자락이 흐릿해졌다

　침묵의 수면(水面)을 깬 건 숭어의 입술이 아니었다 색색, 옆방 여인의 신음이었다
　당황한 P는 나지막했던 목소릴 높였다
　색색, 그 소린 손가락 사이를 빠져나오는 모래와 같아 P의 목소리에 묻히질 않았다

　얼굴이 화끈거렸다 P는 다섯 손가락으로 테이프리코더의 볼륨을 한층 높였다
　순간, 숭어들이 팔딱팔딱 뛰었다
　여인의 신음이 숭어들의 팔딱거림에 가려지는 듯했지만 숭어들은 이내 수면 아래로 가라앉았다
　우우, 이제 여인의 신음은 마지막 기름을 분사하는

낡은 선박의 엔진음처럼 들려왔다

  붉다 못해 거무틱틱해져 가는 P를 위해 이번엔 내가 목소리를 높였다 숭어들도 물방울을 튕겨주었다
  다시 신음이 묻히기 시작했다 난, 안도의 한숨을 숨기기 위해 담배 연기를 내뿜었다

  하지만 이어 들려오는 악! 사내의 비명
  P와 난 무방비 상태였고, 경험 없고 호기심 많던 열아홉이었다

Topoema* 4

  난, 삐뚤 허공에 삼각형을 그리며 내 몸을 집어넣으려 하네 선분에 다리가 접히고 발끝이 닿아 앞으로 고꾸라지고 꼭짓점에 머리가 찔려도 난 내 몸을 구겨 넣으려 하네 그 속에 무엇이 있는지 밖에서도 훤하건만 난 그곳을 뚫고 나아가려 하네

  어느 날 내 몸보다 작게 그려지는 삼각형이 불쑥 자라나거나, 내 몸보다 작은 팔이 내 몸보다 큰 삼각형을 그려낼 때 비로소 밖,

  그 밖에 있겠네 그 밖에서 안을 들여다보겠네 못 나올 내 그림자를 여전히 눈, 코, 귀, 입을 달고 있을 잘려버릴 내 그림자를, 그 그림자를 열매처럼 달고 있을 나무들을, 그 발 없는 나무들을 얇은 깃털로 희롱할 새들을, 그 기하 밖 새들의 눈 속에 호를 유심했던 저 대하(大河)의 분자들을, 세월이 흘러 그 삼각형의 선분들이 말라 갈대처럼 아스스해지고 돌이킬 수 없을 도형이 돼버릴 때, 난 저편에 머물겠네 파타고니아행 아스팔트 위, 하나 점(點)으로 난

  * Topoema: 옥타비오 파스가 시도한 형상시.

뜰채

우럭회 小자 하나를 시킨다
고둥을 이쑤시개로 빼 먹는데, 자꾸만 신경이 쓰인다
송 선생에게 자릴 바꾸자 한다
— 왜 꼴 보기 싫은 놈 있어요?
— 아니, 거울에 비치는 내가 꼴 보기 싫어서

수족관을 마주 보게 된다
멍게와 해삼 쪼가리를 집어 먹는데, 자꾸만 신경이
쓰인다
— 왜, 기분 안 좋은 일 있어요?
— 아니, 난 기분 좋은데
기분 좋지 않아 하는 놈이 있어서

광어는 바닥에 붙어 있어 눈이 마주치질 않는데
우럭의 큰 눈알과는 자꾸만 마주친다
둘의 시선, 가젤영양과 표범 간의 시선 같진 않다
반대일 것 같다
— 한잔 하시죠

―아니, 내가 따라줄게

소화가 안 된다
한 알, 한 알, 땅콩을 넘길 때마다 우럭의 눈치를 보게 된다
송 선생은 배가 고픈지 얼굴도 들지 않고
성게알, 소라, 오분자기, 해삼을 게걸스레 먹는다
―여기 오길 잘했죠? 쓰끼다시가 좋잖아요
―아니, 잘못 왔어
아니, 잘 왔는데, 잘못 앉은 것 같아

주인이 뜰채를 들고 올 때마다 한 마리씩 사라진다
하지만 우럭은 남아 있다
표범의 저녁밥이 되리란 걸 알면서도
물가에서 목을 축이는 영양처럼
소주를 잔에다 부어 송 선생에게 권하지도 않고 마셔버린다
―아유, 술이 부쩍 느셨네

인도양, 대서양, 태평양.
세상 모든 바다는 이어져 있다
하지만 그의 바다는 끊겨 있다
그게 내 탓이라는 듯, 있는 힘을 다해 눈동자를 부라린다
—송 선생, 다른 걸 먹으면 안 될까? 러시아산 왕게도 있는 것 같은데
—왜, 대게가 드시고 싶어요? 이미 준비하고 있을 텐데……
—아직 있잖아
—뭐가요?
—우럭
……
—뜰채가 지나갔나 봐요

야옹
── 알레한드로를 위해Para Alejandro

인디오 친구 집에서였다. 잠이 깬 난, 놀랐다. 분명 눈을 뜨고 있었건만 볼 수가 없었다.

봉사가 된 것인가?

감았다 다시 떠봤다. 되레 눈을 감았을 때보다 더 깜깜했다.

낮에 참관했던 주술 때문인가?

눈알을 만져봤다. 있었다. 눈꺼풀을 제치고 다시 눈알을 만져봤다. 눈물이 나왔다.

그래, 내 몸 중 스스로 빛을 낼 수 있는, 아니 가장 밝은 부분.

호흡을 가다듬고 엄지손톱을 눈알 쪽으로 가져갔다. 눈이 찔릴 때까지 허(虛)했다.

그래, 비듬 비듬…… 머리에 피가 나도록 긁었다. 공(空)했다.

팔꿈치를, 발꿈치를, 일곱 개의 차크라를 일깨우는 수도사인 양 몸을 비틀었다. 공허했다.

공황을 느꼈다.

'¡Me hice ciego!'(봉사가 돼버렸……!) 막, 비명이 목구멍을 빠져나오려는 순간, 뭔가를 본다.

애꾸고양이의 늙어버린 눈알.

갓 태어난 태양. 아니, 늙고도 늙어, 줄고도 줄어, 눈깔사탕만 해진 태양. 동에서 떠올라 서로 지는 걸 깜빡 잊곤 하루에도 몇 번씩 밤낮을 만들.

난 휘리릭 그 태양, 질 때까지 떴다 감았다를 즐겼다. 내 몸속 마니푸라 차크라*의 鐘이 댕댕 울릴 때까지.

* 마니푸라 차크라Manipura Chakra: 요가에서 말하는 우리 몸 속 생명 에너지의 중심 통로 중 하나. 중완, 즉 배꼽 바로 위에 있으며, 쿤달리니가 통과할 때는 종소리가 난다 한다.

고별 무대
── 에르난데스를 위해 Para José Hernández

조종석 뒤 칸에
열번째 생일을 맞는 손녀를 태우기로 한다
쌍엽기가 하늘로 치솟자 땅 위의 관중들
와와! 손뼉을 치며 환호를 한다
하늘 위 소녀도 생글생글 즐거워한다
구름 사이로 윤기 있는 머리카락이 날리고
바람에도 흠집이 날 듯한 아릿아릿 양 뺨엔
보르도산 와인색이 살포시 묻어 나온다

적의 전투기 백 대 이상을 격추시킨
1차 세계대전의 영웅을 위한 일감이라곤
고작 뚜껑 없는 쌍엽기에 올라, 적 없는 허공에서
오로지 자기 자신과 전투하는 피 마르는 곡예뿐.
오늘 역전의 용사는 관중들의 함성에 힘입어
자신도 모르게 지난날 영광스런 추억에 빠져들어
고난도 비행을 결심하기에 이른다

우우 거친 프로펠러에

여린 소녀의 알아듣기 힘든 낱말들이 감기고
천식을 앓는 주인처럼 가르릉대는 비행기,
시연해본 적도 없는 멀티 텀블링을 시도한다

하나, 둘…… 몇번째일까
순간 팝콘처럼 터져 오르던 함성
전원이 나간 마이크처럼 잠잠해지고
박수 치던 손들, 좌악 벌어진 입들을 닫는다
눈 아래, 뿌리도 없는 장미 한 송이
비행기 그림자 지나간 바위 위에 피어오르고
매스게임인 양 사람들, 줄기 그리고 잎새가 된다

강문수내과 가는 길
— 고인돌 이상대 선생님께

영구차 한 대 내 차 가까이 붙는다
핸들 밑으로 손톱을 감춘다
영구차 운전수와 눈이 마주친다
슬금 한 발짝 차를 뺀다
연금을 기다리는 대령이 투계의 벼슬을 벼리듯
카라디오 볼륨을 올린다
— 큰방에 전기장판을 켜두고 나온 것 같은데.
가스도 잠갔는지……
섬뜩, 영구차 뒤쪽을 돌아본다
— ……
출애굽을 시키는 모세의 팔뚝 같은
파란 신호등 불빛에
첫번째 보행자의 셔츠가 적셔지고
채널을 돌린다
— 말일이 자동차 검사 만기일인데.
더 이상 연금을 기다리지 않는 대령이
면도날에 목이 나간 투계의 부리를 만지듯
라디오 볼륨을 낮춘다

―냉동실 아래 칸에 패물이랑 통장 넣어뒀는데.
마지막 보행자의 파마기 있는 머리,
깜박깜박 푸르게 빛나고
난, CD를 튼다
―큰애 이름으로 보험 든 거 만기됐는데.
우두리 벼슬 같은 빨간불 들어오자
영구차 먼저 정지선을 나선다
―……
사거리에서 내 차는 좌회전을,
영구차는 유턴을 하고
난, 다시 손톱을 내보이며 라디오를 켠다
―내일부턴 평년 기온을 회복하겠습니다.
차창 너머 삼겹살집 대형 환풍기,
바람에 순종한다

문득,

궁금한 것이다. 하늘은 왜 파랄까
가 아니라, 고양이의 야옹 소리 앞에
생략된 소리.
이를테면 콜라를 빨대로 빨고 있던
공원 벤치의 한 사내,
분홍빛 스카프에 청치마를 두른
여인에게 다가가
데이트를 청하기 전,
'저…… 혹시 시간 있으시면……' 앞에
생략된 말 같은

해가 질 때면 더욱 궁금한 것이다.
자꾸 서쪽으로만 떨어지는
해의 심사가 아니라
덜 빠져나온 야옹 전의 야옹들.
그러니,
낮의 야옹과 저녁 야옹 사이,
꿀꺽, 삼킬 수밖에 없었던
겁나게 많은 야옹야옹들.

송광사 가는 길
―말러의 '교향곡 1번'을 들으며

1

 무대 뒤에서 울려 퍼지는 트럼펫 소리, 그 신비로운 서주(序奏)에 창밖 가로수 잎맥들, 팽팽하네
 쌀 튀밥 같은 이팝나무, 보릿고개 시절 눈으로만 삼키던 미미(美味), 오지 않을 것만 같던 봄날들, 저만치 매달려 있네

 트럼펫 팡파르, 차창에 내려앉는 꽃잎들, 27번 국도의 오르막은 한껏 축제 중이라네
 못물이 넘실대는 논바닥이 부드럽고 스케르초와 부드러운 왈츠 덕에 차창 풍경이 경쾌하네 오케스트라와 팀파니가 하행 모티프를 강하게 주고받으니, 저 모퉁이를 돌면 곧장 풍성한 여름과 만나겠네

2

 현악기 하모닉스로 풍경이 술렁이네 흔들리며 밀려가는 농부들, 바이올린, 첼로, 더블베이스, 농기 대신 악기를 들쳐 멘 듯하구나 큰북을 이고 가는 양 저 노인네, 차를 세우고 손을 빌려주고 싶지만 저세상 사람 같네 막 겨울이 야산 끝자락에 회색의 입술 자국을 남겼네

 뻐꾸기 노래하니 '울지 말고 노래를 불러라, 노래를 부르는 동안, 기쁨이 올 것이니'* 축제의 노래 고조되지만 애달프게 붉어져만 간 나의 계절, 차창 밖 나무둥치가 돼버린 난, 지난날 뿌리혹들을 아파하네

3

 주암호반도로를 달린다네 수면이 파르르 깨져 있네

나무들이 호수 위로 찢겨 내리누나 '보리수'의 선율을 지닌 트리오, 팀파니의 리듬을 타고 저현(低絃)이 어둡구나 차창 밖은 봄이건만, 차창 안은 겨울이라네 룸미러에 성에가 끼고 마디마다 겨울이 쌓이네 창문을 내려 보지만 날개 잘린 겨울은 쉬 빠져나가질 않는구나

   논바닥, 깊게 파인 손금처럼 물속 검은 고랑이 출렁이네. 여기저기 모가 꽂히면 저 고갯마루도 말랑해지리라 거칠고 활기찬 스케르초와 유연하고 사랑스러운 트리오가 대비를 이루니, A장조의 렌틀러에 오보에가 대선율에 얽히누나

   4

   D단조, 팀파니의 희미한 연타에 등장하는 더블베이스 선율, 뒤이어 등장하는 '카바레 풍'의 밴드 선율, 두 계절 간의 벽이라네

호수 끝자락쯤, 떠나지 않은, 아니 떠날 수 없던 철새 한 뭉텅이, 플라밍고 자세를 취하누나 '그대 함께 언약한 내 사랑의 고향, 나 잊질 못하네, 그 아름다운 Annie Laurie를 위해서라면 나, 기꺼이 목숨을 바치리라'** 바이올린 소리에 첼로 소리가 묻혀버리고 4도 하행 음정이 저만치 들려오네

 영화 스크린 속의 봄, 관람객으로서 맞는 봄…… 꽃향기, 피냄새, 밥냄새, 아, 냄새도 맡지 못할 내 아버지의 겨울 속 내 어머니의 봄
 풀어지는 바이올린에 '그녀의 밤색 눈동자'가 애처롭네 멀리 송광사 팻말이 보이고 조계산 끝자락이 막 눈에 들어오네

 5

 2분의 2박자, 자유로운 소나타 형식인 포르티시모

총주에 깜짝 놀라네 기어를 움켜쥐어보지만 연주자들의 손가락, 입술, 어깨, 지휘자의 길게 늘어진 머리카락이 온몸을 간질이고 문지르네

산이 통째로 차 안으로 밀려오네 계곡물이 스미고 칡덩굴이 핸들을 감아쥐네 차를 길섶 모퉁이에 세울 수밖에 없네

차창 밖 편백나무도, 배롱나무도, 여전히 옷고름을 물고 있는 송광사도 다들 예쁘기만 한데, 천하의 이태백의 시에 곡을 붙였던 그가 괴로워하네 '대지가 노래한다'고 말한 그가 대지 위에서 눈물을 보이네. 안과 밖, 불이문(不二門)이건만 지금 후광 가득 문설주 아래 내 나이 또래인 그가……

  * 멕시코 민요 「내 예쁜 사랑Cielito lindo」의 한 소절.
 ** 스코틀랜드 민요 「애니 로리Annie Laurie」의 한 소절.

풀무질과 어머니

난 솥 공장에서 태어났다

 불매, 불매, 당신은 대장장이 풀무질하는 똑딱 불매* 소리에 맞춰 아랫배에 힘을 주시고
 한산한 신작로에는 시발택시 한 대, 이유 없이 구락숀을 울리며 지나갔다

 화덕 위의 쇠가 풍구 바람에 달궈지고, 당신은 낮은 천장에서 늘어진 한 폭 광목을 당기며 골반을 늘렸다
 양수가 터지고, 도합 넷이서 매를 드는 토 불매** 소리 들리고,
 난, 젖은 머리로 자궁 문을 밀쳤다

 마당에는 먹지도 못할 이팝이 흐드러져 있었으며 난 한 발짝, 한 발짝 산도(産道)를 밟으며 결코 깊지 않을 당신의 쌀뒤주를 얕게 만들, 아홉째가 돼가고 있었다

망치 소리 들리고 솥 아가리, 모양을 잡아가고 산 파의 손에 두 발목이 잡힌 난, 허우적거렸다 열 중 네 댓이 죽어나오던 시절, 매운 손매로 엉덩이를 맞고도 사람 소리를 내지 못했다, 그렇게 죽은 쥐처럼 늘어져 있었다

 불매, 불매, 토 불매 소리 멀어지고, 솥뚜껑에서 불매기 빠져나갈 때쯤, 시발택시에서 낮술에 취한 아버지가 내렸다
 난, 그렇게 이유 있는 구락숀 소리와 함께 첫 울음을 터뜨렸다 당신의 웃음이 될 수 있었던 내 마지막 울음이었다

    * 똑딱 불매: 혼자서 하는 풀무질.
   ** 토 불매: 네 사람이 하는 풀무질. 청탁 불매라고도 함.

피난길
― 춘택이 아재께

아버지 지게 속엔
쌀, 고구마, 감자, 옥수수가 담긴 마대,
요강, 솥, 그릇, 내가 들어 있었다

대포 소리 들리자
아버지 뒤돌아봤다
뒤에는 동생을 업고도 한 아름 옷 보따리를 든 어머니,
홑청에 이불, 담요, 책 보따리를 말아 든 누나,
어머니 허리에 감긴 새끼줄을 잡고서
울며불며 따라오는 일곱 살 형이 있었다

따발총 소리 들리자
아버지, 지게에서 짐을 버리기 시작했다
요강 없어, 똥오줌 못 누겠나
놋쇠 요강을 버렸다
그릇 없어, 밥 못 먹겠나
놋그릇을 버렸다

솥 없어, 밥 못 해 먹겠나
무쇠솥을 버릴 차례였건만
아버지, 놀랍게도 솥 안의 날 빼냈다

솥 밖의 난,
어머니 허리를 감쌌다
어머니, 주저 없이 옷 없다 못 살겠나
옷 보따리를 내팽개친 뒤
고무줄 터진 고쟁이를 추어올리며
날 안고 뛰었다

어머니 전상서

어머니,

왜 난 살아생전 당신을 두고 몹쓸 생각을 했는지 모르겠어요

난, 당신에게서 사람보단 새나 염소, 말, 양 같은 동물의 형상을 봤어요

상체가 두툼하고 하체가 가는 당신은

고대 유적지를 지키는 동물 수호신 같았지요

그 유적지 속엔 필경, 당신의 열 새끼들이 빠글빠글했구요

그러고 보면 당신은 글래머였어요

쩍 벌어진 어깨, 풍만한 가슴,

탐스러운 젖꼭지들이 관 두껑에 눌릴세라,

돌아가실 무렵까지도 오각형 관이 필요할 듯했지요

그러고 보면 이 아들은 당신을 민속촌 관광 패키지 상품 보듯 했네요

무거운 가슴을 지게 작대기인 양 애처로이 받쳐 들던 다리,

야들야들 그 다리로 고압 전깃줄 같은 세상을 부여

잡던 아낙
 다리를 다치신 뒤부턴 밥을 몰래 버리셨죠
 동물 형상에서 벗어나기 위해서였던가요
 사각형 관에 몸을 맞추기 위해서였던가요
 입관하던 날, 염쟁이의 가슴 또한 설레었을 겁니다
 잠든 새처럼 한쪽 다리만을 보여주셨지만,
 관능미 넘쳤으니까요
 그러고 보면 당신을 두고 몹쓸 생각만을 한 건 아니네요
 당신만큼 섹시한 여인네를 만나면 묻지도 않고 청혼할 테니까요

걸레

 지금은 부도 난 모 중소기업 창립 기념품으로 받은 수건. 얼핏 툇마루에 뭉쳐져 있는 그 모양새, 대야에 물을 담아 제자들의 발을 씻겨준 뒤 곤해하는 예수 같다 터진 실밥 뭉치는 움푹 들어간 눈, 희미해진 '축 창립 10주년……'은 덥수룩 턱수염

 빨려고 집어 드니 안쓰럽다 잡범들과 나란히 십자가에 못 박혔던 神. 제 손으로 못 하나 제대로 못 빼던 神. 부활해야 하나 한 5백 년 푹 쉬고 싶은, 발등에 고비의 황사가 쌓이어도 다시는 제자들 발을 씻겨주지 않을

 하지만 천생 예수, 두드릴 문도 없이 사시는 칠곡 황토 초가의 외당숙 같은, 굳은 일 도맡아 젖은 손 마를 길 없는 머슴 출신의

제2부 廻

天地創造/脈搏 篇

一

하눌은 고민했다, 뭘 먼저 만들지? 수억 년을 고민한 뒤, 물을 만들기로 했다

마침내 물의 싹들이 돋아났다 물 외, 아무것도 없었으니 불순물은 있을 수 없었다 하눌은 흐뭇했다 물방울들은 수억 년 뒤에나 나오게 될 금강석보다 더 반짝였다

二

출렁이는 물만 바라보기에 하눌에겐 지루한 날이요, 달이요, 해였다 미역, 다시마, 물고기, 소라, 조개…… 물속에서 살 만한 것들을 만들었다

물은 하눌 못지않은 힘을 느꼈다 다른 피조물들이 자신 없인 못 산다는 걸 알게 된 물은 그들을 마구 대했다 빨랐다, 느렸다, 넘쳤다, 모자랐다, 하 괴팍스러운 물의 성질 탓에 미역, 다시마 등 발이 느린 것들은

말라 죽기 일쑤였다

　三
　하눌은 물을 견제하기 위해 섬을 만들었다
　물은 따개비 삼키듯 섬을 단숨에 덮쳐버렸다 하눌은 물이 제일 높이 솟았을 때보다 더 높은 섬을 만들었다

　우뚝 솟은 섬은 외로웠다 물고기, 조개, 미역 등이 섬에서 살고 싶어 했지만 물을 떠나선 살 수 없었다

　四
　하눌은 외로워하는 섬을 위해 이끼, 풀, 나무 등 섬에서 살 수 있는 것들을 만들어주었다

　물은 온 힘을 다해 섬을 덮쳐보려 했지만 갯바위 밑자락에서만 찰랑거렸다 안심한 하눌은 소나무, 밤나무, 잣나무…… 비둘기, 독수리, 뱀, 호랑이, 토

끼, 닭…… 피조물들을 마음껏 만들기 시작했다

　五.

　피조물들의 수가 늘어나자, 세상은 무질서해졌다 감당하기가 벅찬 ᄒᆞ눌은 대리자를 떠올렸다 배은망덕, 힘센 물의 횡포에서 교훈을 얻은 ᄒᆞ눌은 나약하지만 다른 피조물들과 서로 도우며 살아갈 부드러운 존재를 염두에 두었다 ᄒᆞ눌의 대리인답게 명석한 두뇌를 갖되, 이빨은 호랑이처럼 날카롭지 않게, 피부는 곰처럼 두껍지 않게, 다리는 말처럼 튼튼하지 않게

　살아 있음에 매번 감사하란 뜻으로 살ᄋᆞᆷ이라 불렀다

　六.

　살ᄋᆞᆷ은 ᄒᆞ눌의 뜻대로 피조물들과 잘 지냈다

　모두 ᄒᆞ눌의 뜻대로 되는 듯했다 하지만 다른 피조물과 ᄒᆞ눌 중간의 살ᄋᆞᆷ은 외로움을 느끼기 시작했다

새들도 노래를 부를 뿐, 샬옴을 불러주진 않았다 샬옴은 자신이라도 자신을 부르지 않으면 외로움에 타 죽을 것만 같았다 샬옴은 샬옴, 샬옴, 샬옴…… 자신을 맥박 수만큼이나 불렀다

七

어느 날 외로움에 심장이 터질 것 같던 샬옴은 하눌에게 부탁했다 "하눌님, 혼자이니 외롭습니다 둘이면 외롭지 않을 것 같습니다"

하눌은 말했다, "팔이 두 개, 다리가 두 개니 외로운 게지 내가 왜 너희 수천만 피조물들을 만들었겠느냐 온 세상을 참견해야 하는 난, 너희보다 팔다리가 수천만 개 더 있어야 하고, 그만큼 더 외로움을 타기 때문이지"

하지만 샬옴은 팔, 다리 하나씩을 떼주길 꺼려했다

八

 방울방울 뭉쳐 다니며 외로움을 모르던 물을 떠올리곤, ㅎ눌은 한참을 망설였다 하지만 종국엔 살ㅇ의 짝을 만들어주기로 했다

 맥박이 가지런히 들려왔다 외롭지 않았다 잘 때도 꼭 껴안고 잤다 하나는 다른 하나에게 팔베개도 해주었다

 하지만 곧 동굴 끝과 끝에서 또다시 살ㅇ, 살ㅇ …… 소리가 들려왔다 팔이 둘이니 각자 팔을 베고 자면 됐고, 다리가 둘이니 동굴 밖에서까지 살ㅇ, 살ㅇ 소리를 낼 수 있었다

九
 "ㅎ눌님, 둘뿐이니 외롭습니다 셋이면 결코 외롭지 않을 것 같습니다"

ᄒᆞ늘은 곧, 둘에서 셋이 될 수 있는 능력을 주었다 하지만 곧 동굴 구석구석에서 살옴, 살옴이라 했다 온 섬이 살옴, 살옴이라 했다

拾
태초의 맥박 소리는 이렇게 '팔딱 팔딱'이 아니었다 '살옴, 살옴'이었다 ᄒᆞ늘은 물처럼 외로움을 타지 않는 피조물이 행여 또 나올까, 두려워했다

커피를 타다가
── 먼 산 배주열 선생님께

  오늘 아침처럼 신이 필요한 적은 없다 소복한 설탕을 얼마나 깎아내려야 커피 맛이 좋으려나, 떨어져 나간 새끼발톱만큼의 설탕을 티스푼에서 덜어내는 데도 신이 필요하다

  최선의 맛을 내기 위해선 내 커피 취향을 아는 신이 있어야 하고 그 신은 또 우주의 수많은 별 중 지구, 한반도, 남한, 울산, 남구, 무거동, 산 29번지, 20호관, 314호에 있는 두 개의 책상 중, 앞 책상에 앉아 있는 세수도 안 한 나를 사랑해야 하고 전지전능은커녕 멀티태스킹도 안 되는 신이라면 같은 시간, 21호관 주차장에서 밤샘 작업을 한 뒤 고물차 시동을 못 걸어 쩔쩔매는 315호 곽 선생을 나보다 불쌍타 여기지 말아야 한다

  설탕 가득한 티스푼을 든 내 손은 완고하다 신도 커피를 마신다면 커피를 타던 손을 오늘 아침 나처럼 허공에다 멈추곤 할까 그 손은 또 무엇이 내려줄까

  아픔이다, 내 손을 내려주는 건. 중력의 통점(痛點)이 내리는 지구별에서의 존재적 아픔

반귀머거리

당신이 내 왼쪽에 없을 때, 왼쪽은 깊은 강이 된다
그 깊이는 당신이 머문 시간만큼이며
헤엄을 잘 못 치는 난, 그 깊이만큼 두렵다

철썩거림을 들을 수 없는 내 왼쪽 귀는
달팽이관까지 젖고서야
비로소 당신이 아닌, 강물이었음을 안다

당신이 다시 내 왼쪽에 서면
당신의 오른쪽 귀는 내 왼쪽 귀가 되고
거짓말처럼 강은 바닥을 보인다

그렇게 내 왼쪽의 당신은
깃털마다 신경과 피가 흐르는 날개다
하지만 내 당신, 문득 내 오른쪽에 서고파 한다면?

난, 나의 반을 동굴에 숨기고
그 반의반만 도심에 내놓을 수밖에

반의반이 아웃백에서 호주산 비프를 자를 때
반은 동굴 벽에다 그날의 사냥감을 그릴 수밖에
반의반이 후식으로 엔제리너스 커피를 마실 때
반은 부싯돌을 켜고, 지푸라기에 불씨를 지필 수밖에

그렇게 난, 당신 없이 걸으면 오른쪽으로 절뚝이게 된다

4시 10분

길 건너 건물 3층쯤에 붙은 시계,
한참 바라본 후 고장 난 것임을 안다
언제 멈췄을까
오후일까, 오전일까?
10년 전, 방금?
힘들게 바늘들을 이끌다 유기해버린 세월

저 건물과 커피숍 간의 거리는 10여 미터,
그 사이 은빛 강은 흐르고 난 이미 섬 안의 사람
두 섬 사이 신비감을 잃지 않기 위해
  피안(彼岸)과 차안(此岸) 위로 불꽃들이 피어오
를 때
  안녕,
  난, 인사를 건넨다

1초라도 빠르거나 느린 게 시계라면
단 한 번도 맞지 않는 게 시계라면,
최소 하루 두 번은 맞는 고장 난 저 시계는

세상에서 가장 정확한 시계
하지만 4시 20분만 돼도 살 것 같은데
걸어, 걸어 지하철까지 당도할 것 같은데
커피 잔이 바닥이 나도록 잔인하게 4시 10분이다

아직은 그 바늘들 녹슬지 않은 채
누군가를 기다려주겠다는 듯 멈춰 있지만
내 배가 접안할 수 없을 정도로
좁은 물길을 내고 있는 당신,
이제 피안의 당신이 노를 저어 오지 않으면
아무런 소용이 없겠다
최소 하루 두 번은 이별의 아픔을 느끼게 될 난,
차안의 건실한 배로도 어쩌질 못하겠다

Y에게

여인의 몸엔 무덤이 몇 기(基)나 있어
아무리 붉은 피를 흘리는 시체라도
묻을 수 있지

하나의 무덤에 모서리가 패면
또 다른 무덤엔 잔디가 파릇해지고
하나의 무덤에 관이 놓이면
또 다른 무덤은 부활을 시도하지

커피를 마시며
천연스레 주검을 묻기도 해
핏방울들을 티스푼으로 끌어 모아
잔에 풀어 헤치기도 해

하지만 잔인하다 일컫지 마

하나의 무덤이 도굴을 당하면
또 다른 무덤은 부장품을 은닉하고

하나의 무덤이
하나의 무덤을 멀리 하면
또 다른 무덤은 또 다른 무덤에 다가가
그 목덜미를 부벼대지만
정작 여인은 손톱조차 묻을 길이 없는 걸

개성만두집

 오늘처럼 겨울비 내리면, 난 누구냐. 물만두 한 접시 먹고 타인의 우산을 들고 나오는 난, 누구냐

 번지를 떠올릴 수 없구나. 내 몇 자 몸이 아무렇게나 구부려져 있던 밤. 그래, 1980년 12월 며칠이라 쓴다

 오늘처럼 눈 내릴 날 비 내렸으니, 짧아진 혀뿌리론 아무런 말도 뱉을 수 없었다. 거리엔 裸木보다 더 벗은 그림자들, 빛은 그들 사이를 빠져나간 지 오래. 젖은 우산 속 내 곁에는 안개만, 안개만……

 곧 비가 그치면 새들도 울겠지. 겨울새, 깃털이 맑고도 고운, 아니, 겨울치가 따로 있나 겨울에도 부르르 떨지 않으면 겨울치지

 간사한 혀는 수초 전 만두피의 쫄깃함을 잊어버리곤 수십 년 전 씹었던 葛皮를 못 뱉어 안달이다. 그때 그 혀로 '사랑'을 말하기엔 여전히 神이 필요한 계절. 아, 내 몸은 겨울에 매춘했구나

오늘처럼 눈 대신 비 내리면, 난 누구냐. 타인의 우산대 끝에 매달린 난……

6월의 이별

거리의 사람들, 저마다 집이 있어 새까만 몰각(沒刻)에 모두 돌아설 수 있다는 것이 신기한 날, 내 짧은 목은 길을 가다가도 쏟아질 듯 마개 달아난 병인데 가슴속엔 간이역 같은 풍경이 있어, 대합실 나무 벤치 아래 새우잠도 못 이루는 그림자 반 토막으로 2009년 6월 어느 날의 만남을 쉬 이별이라 부르질 못하네

언제 울었나. 까마득하다. 친구 마누라 죽던 날, 친구보다 더 슬피 울어 슬그머니 오해받던 날, 더 까마득하다. 신호등 푸른 불빛에 민소매에 짧은 스커트를 즐겨 입던 옛 여인이 타오르던 날.

언제 날 잡아 울어야지. 저 도심의 장례식장 네온사인 아래, 말갛게 씻고 또 한 번 상주보다 더 상주스럽게, 두 홉들이 소주 병목에 금을 긋듯 눈물 찰랑거리며 귀로 들어간 내 울음이 발등을 돌아 눈두덩을 빠져나올 땐 왜 한 옥타브 높아지는지, 젖는 정적만큼 굉음이 유스타키오관을 파고들어 저 멀리 베타별

보다 더 오지인 내 심장에까지 막장을 내주는지

  눈물이 말라 인공 누액을 넣는 나날, 마중물로 임프로비제이션 한 자락 부어 넣으면 가락들이 마른 목구멍으로도 새 나오겠지. 그땐 6월 그 어느 날의 이별을 쉬 만남이라 불러야지

화장터 매점 김 씨

새 울음을 노래라 말하는 이는
찬란한 아침, 행복한 마음에 그럴 수도 있겠지만
울음에도 농담(濃淡)이 있어 사람의 울음이 진하면
그 새 울음, 노래로 들리지 않을까?
오늘 자살한 친구 마누라를 화장하는 날,
새 울음, 역시 노래로 들리는 것이다
하지만 금지곡을 부르는 듯, 허밍으로만 음음······

새가 운다고만 하는 이는 눈을 뜨면 서글픈 아침,
불행한 마음에 그럴 수도 있겠지만
사람의 슬픔이 두텁고 깊다 보면
새 울음쯤이야, 킥킥 웃음으로 들리지 않을까?

아무래도 오늘, 팔공산 화장터 조문객들이 던져 주는
김밥 부스러기, 소주 안주를 먹기 위해
머릴 땅에다 박으며 흥얼거리는 새들은
웃음보를 틀어쥐고 있는 것이다

분골을 들고 나오는 상주들의 울음계곡에서
술 팔고 웃고,
담배 팔고 웃고,
사이다 팔고 웃고,
자기라도 웃어야 되지 않겠냐고,
웃는 게 직업병이 돼버렸다는 6미터 컨테이너 속
커다란 새 한 마리 빼곤,
온갖 새들이 웃음보를 참고 있는 것이다
금지곡을 부르는 듯, 허밍으로만 노래하는 것이다

황혼

시간은 파발 없는 마군(馬群)
시간이 불평(不坪)하다 생각될 땐
뒤의 말이 주저앉거나,
앞의 말이 고꾸라지거나,
중간의 말이 고삐를 풀고 달아날 때다
서쪽도 지나치면 동쪽이 되건만
격자 사이로 멀어져가는
서쪽의 서쪽을 궁금해함은
고꾸라지지도,
주저앉지도,
달아나지도 않을 말들이
터벅머리를 구유에 박고선
누런 어금니를 돌리며 즐거이 만찬을
하는 듯해서다
석양보다 더 서쪽으로 나아갈 수 없는 난,
그중 한 마리라도 좋으니
고꾸라지거나,
주저앉거나,

고삐를 풀고 달아나,
지금 이 창밖의 시간, 순식이라도
구불텅거렸음, 하는 것이다

고요

 어느 날 창세 이래 멈춘 적 없다는 그 바람 문득 멎고선, 정적 아니, 너무나 큰 우레 같은 고요가 찾아와 마을 사람들 자다 말고 뛰쳐나와선 공회당에 모여 '이게 뭐여, 대체……' 아버지, 할아버지, 증조할아버지에게도 못 들어본 소리, 귀를 막으면 막을수록 더 크게 들리는…… 공룡이 온갖 집구석 유리창을 죄다 밟고 다니는 듯한 소리.

 결국 그들은 떠났다 고요가 세상에서 가장 시끄러운 짐승이라 믿으며, 위이잉! 다시 세찬 바람 부는 계곡 찾아.

 그날 4호선 지하철 안이 그랬다 처음엔 개구쟁이들이 많이 탔건만, 절간보다 조용한 차량, 평화로구나 생각했다. 하지만 농아들이었다

 다들, 선생님인 듯한 중년 남자의 손에 시선을 두고 있었다 수화는 계속되고…… 신기함에 어쩔 줄 모르던 난, 눈을 떼질 못했다: 씨감자만 한 주먹들, 몽땅 연필 같은 손가락들.

 선바위역을 지날 때였다 갑자기 귀가 멍멍해져왔

다 팽팽, 눈동자 돌아가는 소리, 콩콩 심장 뛰는 소리, 꼴깍 침 넘어가는 소리……

루비나*를 떠올렸다 세상에서 가장 시끄러운 동물은 역시 고요로구나, 고막 없는 눈도 그 소린 듣는구나

* 루비나Luvina: 멕시코 소설가 후안 룰포Juan Rulfo의 작품에 나오는 인디오 마을.

아말피 레스토랑에서

I

완벽한 바다는,
수평선 치맛자락 고무줄이 터질 듯
팽팽한가
포크질을 당하고 있는
식탁 위 생선마저 헤엄치게 만드는가

수심은 존중받을 수 없을 침묵,
파도가 튕겨낸 마지막 물방울로
금이 가버리는 면경

완벽한 바다는, 완전한 바다가 아니기에
파도 한 자락으로도 슬플 수 있는가

크루아상 한 조각,
카푸치노 한 잔만으로도 흐느끼는 해변,
포스타노 아말피를 걷노라면

사랑보다 더 좋은 것을 만나게 돼
사랑하고 싶어지네

   II

왜, 슬픈 것들은
정지된 시간을 갖는가

가파른 언덕 너머 오르키아를 두른 집들,
저 꽃들을 머리카락처럼 날리는
지중해의 순풍.
발아랜 푸른 물결이 유리 조각으로
부서지고
뮤즈는 물망초로 피어나 낭떠러지에
흐드러지네

슬퍼서 아름다운 것들은

몸에 칼 댈 일이 생겨나도 못 잊겠네
절벽에 뿌리 내린 포스타노 아말피,
온 장기에 전이돼버린 발코니 아래 저 풍경

기차가 산다

 몸속에 기차가 산다 갈비뼈를 지날 때쯤, 철길 건널목 앞 자전거처럼 무릎을 굽혀야만 한다 치익— 증기가 새 나오고 부웅, 물렁뼈 사이로 기적이 울린다 행복을 눈치 채는 시간은 3초, 기차는 아홉, 난 쉰셋. 라파스 절벽 같은 귓바퀴를 돌 즈음 과연 옆 자리에 누가 탈까? 조마조마, 시절의 습관처럼 두 다리가 모아진다
 비가 온다 눈이 올 계절에 내리는 비, 차창 밖 간판들을 더 슬프게 만든다 와들, 차창 안에서 떨고 있는 또 다른 나, 꼬마 기차가 스물넷 침목을 채 건너기도 전, 명치서부터 덜커덩거린다
 내일은 해가 뜰까? 새벽 1시, 견디지 못할 이명(耳鳴)에 커피 잔 속 녹지 않을 설탕 같은 재즈를 듣는다 캔자스 시티밴드, 8시 반 시계 종소리에 맞춰 짜안— 뮤지션으로 변신하던 그들이 복숭아뼈 간이역쯤에서 오르고 있다
 기차는 정차 시, 더 무겁다 이름 모를 종착역에 아침 해가 기다란 그림자 하나 만들 때까지 화통에다 땔감을 집어넣는다 칙칙폭폭, 골반이 조여진다

파타고니아에선

 나무의 수를 세지 마세요 나무들은 죄다 뫼비우스 띠처럼 연결되어 있습니다 이 나무의 줄기를 더듬으면 저 나무의 뿌리입니다 죽은 나무의 심장을 산 나무가 이어받습니다

 비틀거리다 벌떡 일어나는 렝가와 칼라파테 삶은 죽음의 이음새요, 죽음은 삶의 마디입니다 낮아만 가는 죽음과 높아만 가는 삶이 만나려면 산 것이 굽어야 합니다 백만 년 묵은 바람이 천 년 묵은 나무에게, 배 속 태아 같은 사람의 마을을 향해 굽어라, 굽어라 가르치는 이유입니다

 하늘은 커다란 유방을 팜파에 물리고, 무지갯빛 젖은 또옥, 똑 떨어져 양, 말, 나무는 목덜미를 젖혀 양수를, 수액을…… 하지만 나무의 뿌리가 땅에만 있는 게 아닙니다 수유를 마친 하늘이 새끼들을 데불고 오르는 밤 양, 말, 소 들은 밤새 하늘을 휘젓는 '늙은이의 수염'* 아래 잠이 듭니다

가만, 기대어보세요 봄 여름 가을 겨울, 한 그루의 나무에 사계절이 있습니다 오늘, 당신의 차가운 등은 어느 계절에 계시올지

* 늙은이의 수염: 파타고니아에 자생하는 지의류, 렝가나무 줄기를 뒤덮곤 한다.

탱고의 기원

I

뱃전 위로 오른 사내,
항구에 두고 온 여인의 허벅지가 죽도록 그립다
주위를 살피곤 마스트에 한 다리를 걸곤
비비 꼰다
그 모습을 지켜본 또 다른 사내,
화들짝 놀라 뒷걸음질친다
사내 짓을 지켜보던 뒤 사내,
끝내 참질 못하고 마스트의 남은 부분에
자기 다리를 건다
마스트를 중간에 두고 네 허벅지가 꼬인다
두 사내, 히죽 웃는다

II

두 사내, 마스트가 없어도

아니, 없으면 좋겠다 생각한다
둘 중 하나, 마스트
아니 마리아, 페트라가 돼야만 한다
S극이 N극을 당기듯
반도네온 선율에 맞춰
갑판의 바람을 혼자가 아닌, 둘이서 맞는다
다리 하나를, 다리 둘 사이로 밀어 넣곤
물가의 홍학처럼 한 다리, 쉬게 한다

Ⅲ

긴 항해 뒤, 파스텔 톤 라 보카La boca항
진짜 마리아 혹은 페트라는 떠나고 없다
내일의 빗속에선
오늘처럼 어제처럼, 기다리지 않겠노라,
그녀의 부재에 종지부를 찍겠노라,
미친 듯 머릴 흔들어대지만

카미니토Caminito 유리창들에 비친 홍등으론
습한 살점조차 말리질 못한다

다시 위성에서 온 미친 짐승처럼
다른 태양 아래선 그녀 이름을 부르지 않으리라,
멀리, 밀롱가Milonga를 두고 맹세하지만
가르델Carlos Gardel의 「내 슬픔의 밤」을
듣는 밤이면, 몰래 뱃전으로 기어 나와
시커먼 한 다리를 시커먼 두 다리 사이로 밀어 넣곤
마리아! 페트라!
…… 절규한다

아니, 바라던 자세가 아니었나
— 오라시오 키로가를 위해Para Horacio Quiroga

철조망에 발을 끼우고 몸을 넘기려는 순간
옷자락이 철조망 가시에 걸려
휘청 중심을 잃어버린다
손에 들고 있던 마체테*가 떨어져 나가고
입이 쫘악 벌어진다
아랫배에 박힌 이물질이
하나 나뭇가지일 것을 기도해보지만
무릎을 접고 모로 누워보니
허리춤에 삐죽 새 나온 셔츠 너머
미처 들어가지 못한 칼날 부분이 태양에 반짝인다
날카로움은 상처 속으로 스며들기 전
수면에 금을 긋듯 진통제처럼 홀연히 사라져야 하건만
칡덩굴을 순식간에 걷어내던 시퍼런 날이
배 속에 둔탁한 궤도를 그려내고 있다
마악 천칭이 기울고
어지러운 평형 기관이 저울질을 해댄다

하루에도 수십 번씩 그 저울질이 있었을 것이건만
땀에 젖은 칼 손잡이를 말리기 위해
그늘을 찾는 오늘에사 그 꼬장한 눈금들이 드러나고 있다
얼마나 남았을까
새들 울음 여전히 노랫소리로 들리고
파릇한 눈은 농장의 잘 손질된 고랑들을
조상 대대 소장해온 경전의 밑줄 쳐진 행들로 읽고 있건만
거친 맥박만은 길 잃은 망아지처럼 저승을 향해 뜀박질한다
아니, 바라던 자세가 아니던가
40도 땡볕 아래 만 톤급 선박을 끌 로프를 만들기 위해
애니깽 잎사귀보다 더 거칠어진 손들을
저 보드라운 풀밭에 드리고 싶지 않았던가
채 읽지 못하고 접어두는 책장에 좀이 슬듯
미처 들어가지 못한 칼날에 녹이 슬 때까지

이 푹신한 풀밭에서 쉬도록 하자
한 5백 년쯤 뒤 오늘처럼 불타는 정오,
아랫마을 터벅머리 총각이 딸랑딸랑 당나귀를 몰고
저 너머 돌다리를 넘어올 때까지

* 마체테Machete : 정글용 칼.

까만 올리브

사진작가 제임스 레이놀즈는
사형 집행 전
사형수들이 선택한 최후의 만찬을 찍었다

프렌치프라이와 치킨, 밀크셰이크 세트
바나나, 파인애플, 사과, 포도, 망고 세트
달걀과 쿠키, 커피 한 잔 세트
콜라와 비스킷, 하겐다즈 아이스크림 한 통 세트
식사를 원하지 않는 사람들을 위한 성냥과 담배 한 갑 세트

그중 눈길을 끄는 건
아직은 뺨이 빨간 어린 소녀들을 강간 살해한
로버트 빌이 선택한, 38구경 권총 알을 닮은
씨를 뺀 올리브 한 알

그 씨가 빠진 한 알로
저승에서 올리브나무를 싹 틔우려 했을까?

두 알이었다면 대장을 거쳐 항문으로
빠져나왔을까?

오렌지색 식판 중앙에 놓인 까만 올리브,
좀더 멀리 놓고 보니
그 한 알, 속이 꽉 찬 씨앗처럼 보인다
밀레의 「만종」 속,
가난한 농부 부부의 손바닥 위, 밀알을 닮은

그다음 날 아침, 빌이 전기의자에 앉기까지
그 한 알, 식도를 타고
소장까지 밀려와선 뚝, 그 자리에 멈췄으면……

테킬라Tequila

오늘은 악기별로 취하고 싶은 밤,
바이올린은 소 혓바닥 요리와 함께하는 쿠바쿠바
콘트라베이스는 엄지와 인지 사이 소금 덩어리와 테킬라
비올라는 양고기 바비큐에 풀케* 한 사발!
딴다다 따다딴— 테킬라—

그 언덕을 넘으면 스무 살의 그녀를 만난다네
쉰의 그녀가 스물이 된다네
손자들이 레몬알처럼 주렁한 노파도 처녀가 된다네
빨간 그 언덕을 넘으면
딴다다 따다딴, 테킬라—

행복이란 부족한 것과 넘치는 것 사이에 있는
조그만 역이라네
사람들은 너무 빨리 지나치기에 이 작은 역을 못 본다네
그 작은 역 또한 그 빨간 언덕 너머에 있다네

그 역의 역장이 바로 내 사촌이라네
딴다다 따다딴, 테킬라—

오늘은 악기별로 취하고 싶은 밤,
당신의 몸 같은 첼로는
파도의 허리를 휘감는 은빛 갈치구이, 메스칼 두 잔!
오늘 밤 나에게 넘치는 건 술이라네
오늘 밤 나에게 부족한 건 여자라네
시를 쓰지 않아도 남자에게 여자는 시인이라네
오, 센세마야— 푸!**

* 풀케Pulque: 멕시코 선인장 술로 우리나라 막걸리처럼 걸쭉하다.
** 푸: 룸바 추임새 중 하나.

죽음을 기다리는 즐거움
── 사파티스타 부사령관 마르코스를 위해 Para el subcomandante Marcos

암고양이가 꼼지락거리는 새끼 몇 마리와 함께
비둘기 똥이 괴락이 된 해진 소파를 할퀸다
전구들이 반 이상 깨져버린 증권시세전광판 주위엔
그 시절 빛바랜 파장 전지들이 낙엽처럼 흩어지고
세월의 때가 덧칠된 회벽에는 3년 전 캘린더 걸이
누런 이빨로 히죽이고 있다
총을 깨진 창틀 위로 걸치니 예상 각이 150도쯤 나온다
연단이 틀어질 것을 감안해도 최소 120은 되겠다

'발포 후 30초 안으로 나가며
여의치 않을 땐 총을 버린다
뛰쳐나갈 방향은 인수르헨떼 쪽이며
5분 내 500미터 이상 달린다'
혀가 마르도록 수칙을 되새김질한다

총알 세 발을 바카디 미니 병과 함께 창틀 위에다 올린다

수분 후 뜨거운 냄비 속 미꾸라지가 차가운 두부를 파고들듯
　목표의 몸을 헤쳐 나갈 것들이다
　축축해진 손으로 해시시를 꺼내 불을 당긴다
　하나, 둘, 마이크 테스트 음에 바카디 병이 칭얼댄다
　훅── 빨아 당긴다
　어지럽다
　순간 카메라의 전원이 나가버린 듯, 영상이 정지된다
　S자가 뱀처럼 새겨진 총알을 재생 버튼인 양 꾹 눌러본다

　얼마나 지났을까
　해시시에다 바카디 한 병을 비웠더니 어지럽다
　이래선 안 되는데…… 구석에 삐딱이 금 간 거울은
　지킬박사와 하이드의, 그 하이드를 비추고 있을 것이다
　해시시 꽁초를 마지막 여인의 입술 빨듯 하니
　파블로프의 개처럼 턱 아래 침이 괸다

유리창, 달력, 책상…… 온 방이 빙글 돈다

머리를 쥐어뜯으며 다시 황달기 있는 눈을 스코프로 가져간다

아, 보인다 연단 주위에 쫙 깔려 있는 경찰들 사이로 목표가……

콧수염에 대머리, 차기 대통령 후보 카를로스 살리나스 데 고르타리.

흰색 양복에 까만 넥타이, 옷차림 또한 전형적이다

최선의 각도를 위해 총을 우측 창틀로 옮긴다

들여다본다 영화의 마지막 장면처럼 여전히 그는 그 자리에 있다

입술을 깨물며 접안 고무에다 눈을 가져간다

크로스에 목표가 잡힌다 둥글게 심장 부위를 확대한다

하나, 둘, 셋…… 쾅!

고양이들 소스라치고 언제 비둘기 날아들었는지 미친 듯 날갯짓을 해댄다

맞았다…… 오, 맞았습니다 신이시여!

목표는 연단 뒤로 나동그라져버린다
쓰러지는 목표를 추적하기 위해 총 끝을 앞으로 기울여본다
스코프에 구부러진 그의 몸통이 잡힌다
아, 근데 이건 또 뭔가 시체가 일어나고 있잖아!
그때 얼핏 스코프에 또 다른 목표 하나 하늘거린다
속았다 방탄복을 착용한 변장 경호원들이다

손이 떨리니 총 끝이 심하게 흔들린다
그래 해시시…… 해시시가 어디 있어……
더듬더듬 창틀의 꽁초를 집어 들고 헉헉— 빨곤
팔딱대는 손가락으로 총알 한 발을 약실에다 재운다
다시 붉은 눈을 스코프로 가져간다

아, 근데 이건 또 뭔가 크로스에 잡힌 건 저쪽 저격수……?
순간 식은땀이 찬 바위에 이슬처럼 돋는다
오, 사랑하는 하느님! 막상 방아쇠를 당기려니 손

가락에 힘이 없습니다

  쾅—!
  …… 쾅—!
  총 맞은 기분 해시시보다 몇 배 짜릿하다
  어지럽지만 기분은 좋다 아니 어지러우니 기분이 좋다
  비틀비틀 계단을 내려가다 발을 헛딛곤 굴러버린다
  다시 몸을 일으켜 기름 탱크가 새는 자동차처럼 피를 흘리며 차도로 향한다
  내 눈은 결코 변하지 않을 멕시코의 수렁을 간과하며
  내 귀는 멕시코에서의 총소리를 한 마리 새 지저귐으로 듣는다

  여전하다 차들은 포뮬러카인 양 달리고 사람들은 제 갈 길에 바쁘다
  오로지 낯선 풍경은 살과 뼈가 드러난 내 몸뚱어리

인 양
  한 행인 크고 둥근 눈으로 다가온다

  — ¡Dios mío, qué sangre!(오 하느님, 저 피 좀 봐!)

  —의지대로 되는 게 어디 하나라도 있더냐
  끝으로 내 목숨만은 내 의지대로 하마—
  입술 끝에 매달린 불씨 살아 있는 해시시를 혀로 말아 삼킨 뒤
  바지 주머니에서 22구경 데린저를 꺼낸다
  머리에다 그 굶주린 총구를 박고 혁명의 상징인 레포르마 대로에서
  내 최초의 의지와 최후의 의식을 이을 결빙의 방아쇠를 당긴다
  하나 둘…… 콰앙—!

  긴 시간이었을까

총알이 날기 시작해 내 해골에 박히기까지……
아바탐사카Avatamsaka의 10시제 중 열번째 시제인 찰나에 불과할 것이건만
나 살아온 31년보다 더 길게 느껴짐은……
이어 내 눈꺼풀, 월식인 양 내려지고 세상은 마지막 조명이 꺼져버린 텅 빈 무대처럼
저 멀리서 캄캄하다

*

나우깔판 형무소 콘덴서 감방 옆 뻘쭘 서 있는 농구 골대 하나,
점령군 앞에서 스스로 내려지는 피점령지 여인의 찢긴 바지 같다
백보드 뒤편엔 철자 하나가 지워진 '조 같은 멕시코'라 쓰인 낙서,
쓰다가 받쳐주던 그 무엇, 와락 무너져 내렸는지 획의 끄트머리 흐릿하고……

영(零)의 개념을 최초로 고안한 마야인들은
죽음을 플러스와 마이너스를 연결하는 연결점,
영에 이르는 것이라 생각했다
죽음은 영이 되는 것이고 영은 이승과 저승의 분기점이니
그들의 생은 그 영을 기다리는 즐거움만으로도
충분히 살 가치가 있을지 모른다
이제 난, 머리에 박혀 있는 그 총알 크기의 바오밥 나무 씨앗을
농구 골대 한 켠에다 심는다
그 나무 자라 죽은 쥐 모양의 열매 고양이처럼 웃을 즈음
'조 같은 멕시코'는 '보석 같은 멕시코'로 바뀌어 있을 것이다

케찰코아틀*
―― 夢中夢中汝

그 몇 밀리미터를 뛰어넘지 못해 환생했는지도 모른다 그 몇 밀리미터, 귀가 될 세포들이 두려워했을 자궁 밖 낯선 음악의 메트로놈 숫자 내지 연주 시간. 눈이 될 세포들이 기꺼이 외면했을 저쪽 강둑의 너비 내지 두께. 사가르마타의 얼음 덮인 깔딱 고개, 그 호흡보다 수만 배 거친 단말마 앞에서도 감히 전망의 계량이 되지 못해 편편해져버린 색들, 그 색들 중 어떤 빛도 반사 내지 흡수해버리는 절대 순백과 검정. 그랬을 것이다 그 두 색깔을 뛰어넘지 못해 회색빛 세상으로 던져졌을 것이다 총천연색 땅에서도 땀을 뻘뻘 흘리며 줄지어 먹이를 운반하는 한 마리 개미의 길이, 그 몇 밀리미터를 뛰어넘지 못했을 것이다

* 케찰코아틀Quetzalcóatl: 마야, 아즈데카의 전설에 나오는 동물 수호신. 머리는 새, 꼬리는 뱀의 형상을 띠고 있다.

제3부 間

間 22
── 높이가 있는 가로세로

1

역삼동 어느 조그마한 식당입니다
갈비탕을 시킵니다

자리에 앉기도 전
그림 한 폭이 눈에 들어옵니다
어찌나 맑고 고운 물이 골짜기로 흘러드는지
넋을 잃고 쳐다봅니다

살짝 뛰어들고 싶습니다
몰래, 식당 주인의 눈치를 본 뒤 몸을 구부려
그림 가장자리, 그러니 붓 터치가 두터운 개울둑에
발을 들여놓습니다

주방에선 달그닥, 그릇 씻는 소리,
화장실에선 쏴, 물 내리는 소리.
하지만 그림 속에는 주걱 모양 꽃다지가 지고

너머 논둑엔 금마타리, 비비추, 모시대가
몸을 꼬아 피어오릅니다

개울에 발을 들여놓는 순간,
깜짝 놀랍니다
여름 풍경에 물이 얼음장 같으니까요
하지만 불덩이 같은 내 발을 잡아주는
개울의 손바닥은 참으로 시원합니다

2

이제 홀의 TV 소리도 작게 들려옵니다
계속 손님들이 들어오는 듯하지만,
문 여닫는 소리
그림 속 뒷산 메아리처럼 가늘어집니다

갈수록 붓 터치가 여려져가는 저 너머 골짜기엔

점 하나로 끝나는 오솔길이 있습니다
길은 자전거 한 대나,
둘이서 팔짱을 끼고 걸으면 딱 맞을 너비입니다만
화가는 많은 걸 생략했나 봅니다
구불구불, 점으로 끝나질 않고
캔버스 너머 뒷산들을 넘으니까요

3

난 세 도시의 경계에 살고 있습니다
하지만 이쪽에도, 저쪽에도 내 집은 없습니다
이 길 끝엔 단칸방이지만 개 한 마리 키울 마당 있는
오두막 한 채 있을 거란 생각이 드네요

이제 그림 밖, 그 어떤 소리도 들리질 않습니다
그림 안, 개울물 소리조차 들은 지 오래니까요

갈비탕이 식기 전, 오두막과 맞닥뜨립니다만
왠지 문고리 당기기가 두렵습니다
그 집 주인이 나였으면 했지만
막상 당기면 내가 들어 있을 듯해서지요

間 23
── 나무와 김 선생, 나

머리에서 나무가 솟는다
엉겁결에 손바닥으로 정수리를 가린다
맞은 편 김 선생, 눈치채질 못하는지
묵묵히 밥을 먹는다
솔솔 흙냄새가 난다
김 선생, 여전히 눈치를 못 채는지
단무지를 살짝 깨문다
왼손바닥 바깥으로 나무가 삐죽 가지를 내민다
난 오른손바닥으로 구겨 넣으려 한다
눈치를 못 채는 김 선생,
나에게 입맛이 없냐고 묻는다
나무에 싹이 트기 시작한다
난 간지러워 어색한 웃음을 짓는다
김 선생의 눈동자에 나무가 비친다
입을 오물거릴 적마다 나뭇잎이 흔들린다
난 숟가락을 놓고 두 손으로 머리를 감싼다
어디 아프냐고 김 선생, 걱정한다
난 열린 문으로 새들이 날아들까 불안해한다

풍성해진 나무를 구겨 넣는다
나무는 머릿속으로 들어가지 않으려 한다
—커피 한 잔 하고 가시지……
식당 주인은 나무를 궁금해하질 않는다
김 선생은 단무지 하나를 온전히 못 먹는다
나무는 가지를 뻗어 식당 문을 놓질 않는다
식당 주인은
—안녕히 가세요
나무를 모른 척해준다
밖으로 나오자, 거리의 사람들 인사를 한다
나무도 인사를 하니 내가 물구나무서버린다
새들이 돌아와 나무의 뿌리 속을 파고든다
나무의 머리 위에 낙엽이 쌓이고
김 선생의 아랫도리, 나무가 되지 않는다
네온 불 켜지고 길 건너 목욕탕 간판이 밝아진다
김 선생은 가로수가 못 되고, 난 여탕으로 들어가려 하고
나무는 남탕으로 들어가려 한다

間 24
── 야쿠르트 아줌마, 혹은

여인1, 레이스 컬칩이 드려진 우아한 상의에 하의는 입지 않았다.
여인2, 강에서 마악 멱을 감으려 옷을 벗고 있는 중인지,
 멱을 감은 뒤 옷을 입고 있는 중인지
 볼록, 흰 젖가슴을 드러내며 손끝을 치마 아랫단에 둔다.

남자1, 연미복 차림
남자2, 검은 슈트에 중절모
남자3, 웃통을 벗어, 근육이 도드라짐

짝이 맞지 않다고 생각한 난, 애써 한 남자를 찾는다.

그림을 사던 날,
 중절모를 눌러쓴 채, 강 저편을 바라보는 남자2가 그일 거라 생각.
 다음 날,

연미복의 반을 나무둥치에 걸치고 있는 남자1이
그일 거라 생각.
다음다음 날,
근육질의 남자3이 그일 거라 생각.

다음다음다음 날 오전,
세 남자 중 남장 여자가 있을 거라 생각.
같은 날 해거름,
넓적다리가 비스듬히 접혀 성기를 그려내지 못하는
여인1 또한 남자일 거라 생각.

그저께,
다시 한 번 짝을 맞춰보다 무릎을 딱 치며
다른 여인이 그림 너머에 있을 거라 생각.

어저께,
여인2가 있는 강둑을 따라 그림이 걸린 벽을 타고,
10미터쯤, 아니 208동, 아니 노인정, 아니 210동 앞,

넓고 긴 창이 난 모자를 눌러쓴 여인3,
배달을 끝내고 세상이 고요해지면 그림 속으로 들어가고 싶은

마침내 내일, 짝이 맞지 않는 게 오히려 맞을 거라 생각.

間 25
── 여의도에서, 제5의 계절

1

광장이 줄어든다
광장 안 사람들,
광장의 가로세로 밖으로 밀려 나가고
내 몸은 광장의 둘레가 된다

광장이 어딨소?
여기 있소, 내 몸속에 있소

마술 상자 같은 광장,
겉으로 삐죽 나온 내 손과 발

진정, 광장이 어딨소?
나요, 내 몸이 진정 광장이오

완전한 밤이란
달과 별이 없는 밤,

공 같은 밤,
또르륵 굴러 떨어지기만 하면
아침이 오는 밤,
그 이음새 없이 매끈한 밤이
뼛속 깊이 파고들 때까지
시차를 느낀다, 몸 안팎의 시간

2

맞소, 당신이 광장이오
아니오, 난 광장이 아니오

몸을 더듬는다, 아니 광장을 더듬는다
난, 나 없이 순수하건만
나로 인해 불순하다

맞소, 진정 당신이 광장이오

아니오, 난 광장일 수 없소

광장이 늘어난다
광장 밖 사람들
광장의 가로세로 안으로 스며들고
구겨졌던 시간 용수철처럼 튀어 오르자
내 몸, 광장 밖으로 튕겨나간다

3

아니네, 당신은 광장이 아니네
아니오, 난 광장이었소

환절(換節)은 계절의 주름,
앞의 계절이
뒤의 계절에 밀릴 때 생기는 시간의 옹이
자오선을 넘는 철새의 날갯죽지 근육엔

얼마나 많은 계절들이 굳어나갈까

하늘을 보시오, 저 하늘이 광장이오

낙오되었던 철새,
내 몸속 광장을 박차고 나가 V자 행렬을 잇는다
길 건너 롯데리아,
배스킨라빈스, 코닥 필름……
성냥갑처럼 멀어져가고
난, 혼자이기에 또 내 자신에 불온하다

間 26
── 그가 살고 간 5분, 결코 내 과거가 될 수 없음에

건너, 돌솥밥집에 불이 꺼질 땐 무섭다
　내 시간대와 사내의 시간대에 시차가 생긴다 내일을 위해 밤을 까고 수삼을, 은행을, 대추를 씻고, 표고를 물에 담그는 사이 오늘의 마지막 돌솥은 식고, 뒷문은 열리고 거대한 단층은 생긴다

　난 그와 수직으로 만난다 별과 별 사이 발을 내딛는 사내와 하늘과 땅 사이 허방, 그 사이 놓인 한들 계단, 아코디언처럼 늘어나는, 올라가도 끝이 없는, 하지만 결코 사내 쪽에서 내려오는 법이 없는

　돌솥 바닥에 기름이 둘러지고, 씻긴 대추가 밤톨과 은행이 불린 쌀 위에 놓이고 가스레인지에 불이 켜지면, 시간은 조여져 덜커덕 단층의 이빨들은 정합되지만, 돌솥밥집에 전깃불이 쇠잔할 땐 무섭다 그 60촉 전구보다 억만 배 더 밝은 태양이 떠오르기 전까지는

間 27
— 문수산 탄산온천에서

    1

 반신욕을 한다

 가랑이 사이로 물고기 한 마리 지나간다
 놀라, 다리를 오므리자
 그 물고기, 허벅지를 치고선 타일 틈새로 빠져나
간다

 물속에 머리를 집어넣는다

 물고기가 빠져나간 자리에
 여울이 지고
 여울 너울에 비늘이 묻어 있고
 손톱으로 비늘을 떼자
 내 몸, 수압을 못 이겨 그 틈새로
 빨려 들어간다

2

앞서 헤엄쳐가는 물고기가 보인다

물보다 섬세해진 나는
물고기를 따라 9만 킬로미터의
모세혈관 같은 동굴을 오래 천착한다

얼마나 지났나?

탕의 손님들의 다리가, 가랑이가
거웃이 보이고
수면 밖, 턱과 코가 보이고

물고기, 슈욱! 수면 위로 점프한다
휴우! 난, 숨을 몰아쉰다

3

반신욕 자세로 돌아온 난,
두리번,
물 밖에서 물고기를 찾는다

냉탕에도, 샤워기에도, 수도꼭지에도
물고기는 없다

얼마나 지났나?

별안간 옆 손님, 숨을 헐떡이며
부르던 콧노래를 멈추곤
물속에 머리를 집어넣는다

間 28

돌 위에 앉은 모기처럼 저녁상을 대하면
무덤 같은 내 두개골에선 빛이 솟네
발이 없어 꼼지락 허공을 걸을 수 없는 빛은
분수 끝 물방울처럼 산란이 되네
그 빛방울들을 따라가네
뒷산 공동묘지 측백나무 거미줄 사이
한 점 한 점 허공을 메우네
기억들이 유리 파편처럼 산만해지네
조화(造花)에 벌들이 날아들고
고양이들이, 까마귀들이
볼록거울 같은 눈들을 상석 잿밥에다 박으며
아옹, 까악! 침을 흘리네
묘지로 오르는 계단이 뒤집어져 있네
어제 할 일을 생각하고
내일 한 일을 기억하게 만드네
나를 잡아야겠네,
나를 두고 자꾸만 멀어져가는
나를 잡아야겠네

한 점 한 점 선을 땋아서
열쇠 구멍으로 몰고 와야겠네

間 29

  하나 사람이 별이라면 난 은하수를 만난 적 없네. 별 만을 만나네. 별들 사이엔 철조망이 쳐져 있어 홀로만 반짝이네. 그 별들 사이 별똥별이 돼버린 내가 있건만 철조망 가시로 아파하네
  별과 별 사이 무정차역들이 있어 풍경들은 속도를 내네. 사이사이 조그마한 역들을 너무도 빨리 지나쳐 버려 그 작은 역의 소사가 돼버린 날 보지 못하네. 빈 역사에 뿌려진 별 부스러기를 성긴 싸리비로 쓸어 담는 날 보지 못하네

間 30
— 사색

뒷산을 오를 적마다
내 얼굴에 달라붙는 거미줄 곁에는
꽃이 있고 쇠똥이 있고 혈관이 있고

벌의 눈높이는
꽃망울에 맞춰지고
쇠파리의 눈높이는
쇠잔등에 맞춰지고
모기의 눈높이는
핏줄에 맞춰지고

한 줄, 날줄 사이엔 빛
한 줄, 씨줄 사이엔 바람
거기엔 나름 좌표가 있고

날개가 달람한 하루살이는
빛 두 칸을 건너고 (0, 2)쯤,
날개가 번드러운 나방은

빛 네 칸과
바람 세 점을 맞은 뒤 (3, 4)쯤,
교미 중이던 한 쌍의 잠자리는
(7, 8)쯤에서 (-8, -9)쯤으로

다들 눈높이를 잘 맞추건만
(0, 0)을 뚫어버리는
내 얼굴

間 31
— Cry for me, Art.

 화가가 아닌 A, 벽에다 캔버스를 걸어놓곤 그림을 즉석에서 그린다. 늑대 그림,
 하지만 머리와 몸통이 너무 크게 그려진 나머지, 꼬리와 다리가 담기질 않는다

 조각가가 아닌 A, 못 그린 다리 부분을 점토로 만들어
 다리 부분이라 예상되는 캔버스 하단에다 붙인다

 닥종이 작가가 아닌 A, 꼬리를 닥종이로 만들어
 꼬리 부분이라 예상되는 캔버스 가장자리에다 잇는다

 행위 예술가가 아닌 A, 중절모를 벗어 던진 뒤 토끼 가면을 쓰곤
 늑대 머리 부분 앞에서 바들바들 떠는 시늉을 한다

 화가도, 조각가도, 닥종이 작가도

행위 예술가도 아닌
사진작가인 A,
사진작가가 아닌 B에게
자신의 이런 모습을 찍어달라 한다

찰가닥!

머리와 몸통이 너무 크게 찍힌 나머지, 꼬리와 다리가 담기질 않는다
땡그랑, 벗어 던진 중절모에 동전이 떨어진다

間 32
── 우리 사이엔 유화 한 폭이 있어

뉴요커 습성을 지닌 아인,
그림 저편에서 펜네 파스타에 기네스를 기품 있게 마시고
자갈 마당 습성의 난,
그림 뒤 켠에서 우적우적 돼지비계를 씹으며
양수가 덜 마른 머리를 셔츠 안으로 밀어 넣고

「운명」의 첫 소절처럼 내리는 비,
'당신의 할아버지도 마셨던 우유' 광고판을 적시면
송아지 피부의 그 아인, 우아한 레이스가 굴곡진
레스토랑 바보Babbo의 처마 밑을 파고들고
피부가 쇠잔등보다 더 두터운 난,
알타미라 동굴 같은 지하철역에 공벌레처럼 말려 들고

바이올린, 첼로……
악기 모양의 구름들이 룸바로 뭉실대는 해거름,
번쩍이는 그 멜로디 너머 미늘 맛을 못 본 고기처럼

상처도 없이 아파하는 내 사타구니 밑으로 캬캬캬,
빠져나오는 면도날 웃음.

악어의 눈물이라 불리는
아가미가 깨끗한 이들이 팔딱이는 포구에서 난,
끝내 강철판 그림 속으로 들어가버리는 아이를 위해
미혼모의 젖꼭지를 씰룩대며 새 한 마리 그려 넣고

그새,
어느 무명화가가 명품 갤러리에 살포하는
허허롭고도 앙칼진 웃음을 터뜨릴 듯, 룸바로 울어대고

間 33
―― 프로타고라스를 위해Para Protagoras

빛, 나, 그림자,
그림자가 나보다 앞에 서고 싶어 한다

빛, 그림자, 나,
빛이 그림자를 지우기 시작한다

빛, 나,
나,는 빛 앞에 서고 싶어 한다

나, 빛,
나,는 빛을 지우기 시작한다

나,
지울 게 없는 나,는?

間 34
―칸트를 위해Für Immanuel Kant

붓 세 자루가 있습니다

굵은 붓이 쓰입니다
굵직굵직 산의 테두리가 그려집니다
중간 붓이 쓰입니다
나무와 돌,
사람이 그려집니다
가는 붓이 쓰입니다

뭐가 그려질까요?
아니, 뭘 그려드릴까요?
새?
구름?
개미?

내가 새를 그리는 동안
당신은 뭘 하실 건가요?
내가 구름을 그리면

당신은 비를 내려달라 하실 건가요?
내가 개미를 그리면
당신은, 오래된 외출을 하실 건가요?
해묵은 외출을

아니, (   ) 안에
그리고픈 걸 주문해보세요

間 35
――「四季」

바이올린으로 시작해요
바이올린, 플루트예요
바이올린, 플루트, 기타예요
바이올린, 플루트, 기타, 피아노예요
바이올린 플루트, 기타, 피아노, 목소리예요
바이올린, 기타, 피아노, 목소리예요
기타, 피아노, 목소리예요
피아노, 목소리예요
……
다들 어딜 가고 목소리만 남았네요
별수 있나요
목소리가 플루트죠
목소리가 바이올린이죠
목소리가 피아노죠
목소리가 기타죠
하지만 모든 소릴 한꺼번에 낼 순 없네요
목소린,
다른 목소리가

아르페지오로 들어와주길 바라요
스타카토로 들어와주길 바라요
테타쉐로 들어와주길 바라요
4분 33초,
아니, 1초라도
다른 목구멍들이 열려 있길 바라요
……
하지만 목소린,
실망하지 않아요
—짝짝짝! 자, 관객 여러분들,
눈밭에 목이 잠겨버린 목소리에겐
여러분들의 손뼉들이
플루트, 바이올린, 피아노, 기타,
한여름 태양 같은 드럼인걸요

間 36
―룸메이트 P의 애완동물

결백증, 자폐증, 강박증이 있던 P는 '산다'를 살았다 또는 살 것이라 했다 산다고 발음하는 순간 산 것은 과거 일이 되고 또 살 것은 미래 일이 될 것이니 말로써는 그 '산다'를 따라잡을 수 없는 일이라 했다

그런 그가 어느 날 '산다'라는 쪽지를 남겼다: '시간은 거대한 단세포동물이다 우린 그를 장님 코끼리 만지듯 한다 머리인 미래와 꼬리인 과거를 동시에 만지려면 우리의 팔은 그만큼 길어야 한다'

그 후 그는 '살고 있는 중이다'라는 쪽지도 남겼다: '오늘, 시간이 뱀처럼 구부러져 고맙게도 머리 부분이 꽁지에 닿았다'

순간 싸늘한 바람이 내 목덜미를 스쳐갔다 화장실 문을 여니 미소를 머금은 그가 시간의 몸통에서 시각(時刻) 하나를 뽑아든 채 영원히 살고 있는 중이었다

間 37
―여행으로의 초대 L'invitation au voyage

그녀, 아파트 베란다라 한다, 15층
난 그녀를 잘 알기에 언제 술 한잔하자 한다
그녀, 베란다의 창문을 여는 중이라 한다
난 보들레르의 시 한 소절을 읊어주며
잠시 기다려라 한다
그녀, 발끝을 창틀에 두고 있다 한다
난 MP3를 꺼내 「미켈란젤로' 70」을 들려주며
그러면 안 된다 한다
그녀, 사람들이, 차들이 인형처럼,
장난감처럼 작아 보여 귀엽다 한다
……

난 기다려달라 한다
그녀, 그럴 필요 없다 한다
난 곁에 누가, 무엇이 있나 한다
그녀, …… 화분이 있다 한다
난 꽃잎을 세라 한다
그녀, ……고추나무라 한다
난 잠깐만, 잠깐만……

고추가 몇 개 달렸나, 세보라 한다
그녀, …… 한 개 있다 한다
난 배터리가 다 돼가니,
잠시 기다려달라 한다
……
난 바지 주머니에서 차 열쇠를 꺼낸 뒤,
고추를 잘라 씨가 몇 개 들어 있는지
세보라 한다
그녀, …… 양말을 벗고 있다 한다
난 카오디오를 틀곤
바이올린, 피아노 소리가
너무 좋지 않냐고 한다
그녀, …… 속옷을 벗는 중이라 한다
난, 차를 주차시키며 지랄 염병,
곁에 화분 말고 딴 거,
딴 것들은 없냐고 한다
……
난, ……

間 38
— 작자 미상 작품의 작자 찾는 법

1

먼저 당신과 그 사이, 그 사이를 줄여야 한다 그 사이를 줄이려면 검색 엔진을 이용해 그의 시대를 찾은 뒤, 마우스로 잘라 당신의 시대에 붙여야 한다

2

책상에서 벌떡 일어나 있는 힘을 다해 건너뛴다 이음새 사이 크랙이 클수록 팬티엄이 286 도스로 가동되는 등, 시대착오증에 걸릴 수 있다(바이러스에 걸렸다 오해 마시길) 그땐 조용히 부엌으로 가, 살짝 양주에다 막걸리를 타 마신다

3

 얼핏, 저쪽 풍경이 사극이나 신파조 영화 세트장처럼 보이면 성공인데, 경우에 따라선 휴머노이드, 사이보그, 안드로이드가 배회하는 미래의 풍경이 펼쳐질 수 있다 그땐, 당황치 말고 마우스의 오른쪽을 눌러 스타일을 바꿔라 그래도 안 되면, 그건 과거의 미래다 그들도 미래를 그러려니, 생각하고 있었다는 얘기

4

 경우에 따라선 속담이나 격언이 안 통할 수도 있다 속담이 그 시대 이후 만들어졌거나, 그 시대 속담이라도 널리 알려지기 전이라면 조심해야 한다 예를 들면, '답답한 사람이 샘 판다'는 말을 믿고 당신이 그를 찾아 나서면 안 된다, 오죽하면 작자 미상이었겠

나, 그의 성품으로 미루어 그가 당신을 찾아오게끔 만들어야 한다 그러기 위해선,

  동동주+양주, 칵테일을 준비한다
  버전 정보를 알아본 다음, 불러오기로 불러온다
  (술을 마시기도 전에 작품 앞에서 뺨이 붉게 물든다면, 그가 맞다)
  마우스 오른쪽을 눌러 스타일을 바꾼다
  Alt+v를 누른 뒤 다른 이름으로 저장한다
  시치미를 뚝, 뗀다

間 39
——하롱베이에서

 사진 속 그녀, 말을 걸어온다 납작한 말이 높이를 갖기까지 내 턱수염은 자란다 난 답을 위해 먼저 내 말들을 납작하게 만든다 사진 인화지보다는 얇게, 베트남 쌀전병보다 얇게, 밥물이 넘쳐 생긴 뜨물 막보다 얇게. 두 손 사이 사진을 놓고 말들을 밀어 넣는다 그녀의 답어들이 말려 나온다 사르륵, 스크린 자막보다 편편한 그녀의 말들, 내 귓바퀴에 도달하기까지 수천의 머리카락들 빠지고:

 사진 속 그녀, 초승달 입술로 웃는다
 사진 속 행인, 따라 웃는다
 사진 속 오토바이 지나가고
 사진 밖 나, 소갈머리 없이 웃고
 사진 밖 행인, 날 따라 웃고

間 40

꿈에 한 마리 양이 나타났다
난, 양의 목줄을 길게 해
초원에다 말뚝을 꽂았다

술을 마시고 닷새 뒤 와보니
홀쭉해진 양은 밧줄 길이가 반지름인 원 속에
갇혀 있었다
불쌍한 양을 위해 난,
더 파릇한 곳에 더 긴 밧줄을 해
말뚝을 꽂았다
열흘 동안 술을 마시고 와보니
지난 번 원보단 더 큰 원 속에
갇혀 있었다
하지만 온갖 힘을 다해 테두리 풀을 뜯느라
목 주위에 피멍을 두르고 있었다

몇 배 길이의 밧줄을 해 초원 중앙에다 꽂았다

그 뒤 알코올중독으로 재활원에 갇히게 된 난,
1년 뒤에야 찾아올 수 있었다
심장이 멎었다, 오는 길에
밧줄 끝에 매달려 있을 양의 해골이,
헐거워졌을 올가미가,
수십 번도 더 지워지고 그려졌을
동심원의 궤적들이 떠올랐다
하지만 초원엔 밧줄의 길이보다 더 긴
계란형 흙빛 타원이 판각되어 있었으며
토실한 암양의 배는 불룩하기까지 했다

어머닌 태몽이라 했지만 난 말하지 않았다
산 너머 무섭게 째려보던
뿔을 높이 세운 한 마리 산양에 관해

間 41
――내출(內出)

1

연구실에서 면도를 하다,
하나밖에 없는 거울을 떨어뜨린다

그중 큰 조각을 들어서 본다
얼굴의 일부가 거울 밖에 놓인다
왼쪽 귀가 전기 면도기의 소음을 듣는 동안
오른쪽 귀는 60년 여름 장마를 듣고
오른손이 파랗게 깎인 턱수염을 더듬는 동안
열 있는 이마에는 90년 대설 주의보가 내려진다

거울 속 살점과 거울 밖 살점이 그리워한다
거울 밖 왼쪽 눈이 70년,
광교 낙지집에서 소주잔을 기울일 때
거울 안 오른쪽 눈은 80년,
멕시코시티 소나 로사 한국정에서 냉면을 먹는다

2

난, 두 살점의 해후를 위해 손을 뒤로 물린다
두두둑, 살점과 살점 들이 큐브처럼 들어맞는다
저 세상의 귀와 이 세상의 눈이 다시 하나가 되고
난, 안으로 나가게 되고
거울 속의 난, 거울 밖의 나에게
더 이상 면도기를 가져갈 수가 없다

거울 안에서 거울 밖을 찬찬히 들여다보면
다행히도 산산조각의 거울들에
내가 자투리로 남아 있음을 안다

난, 면도기를 내려놓고 다시 외입(外入)을 기다린다
옆방 송 선생 연구실에서 흘러나온 노래가
거울 안으로 스며들고, 내 귀엔
2010 아이돌 노래가 7080 가요로 들린다

間 42
―― 처음으로 자살을 생각해본 해거름

 연구실 서랍 속 포르노 잡지와 옛 애인들 사진, 빌린 비디오테이프를 반납지 않고는 결코 결연할 수 없을 것 같던
 하지만, 끝으로 누군가를 만나야겠다는 생각. 갑작스레 장님이 될 이의 망막에 맺힐 마지막 풍경처럼 한 사람만은 맺고 가야겠다는 생각. 그 사람, 나와 같은 생식기를 지녀도 좋겠다는 생각. 그가 살아나갈 시간대와 내가 죽어나갈 시간대 사이 비로소 신이 필요하겠다는 생각. 지독한 단층, 그사이 입술을 내밀어 서로 다른 체온으로 마지막 키스를 해야겠다는 생각

間 43
── 하늘도 한 귀퉁이부터 개건만……

난, 나에게 징역형을 내렸다

가로수 잎맥들이 숫돌에 갈린 칼날처럼 보이던 가을, 난 아프지 않기 위해 날 가두었다

창에는 새들이, 나무들이, 거꾸로 매달리고 난, 내가 발행했던 시간들이 부도나지 않길 바라며 왼손으로 얼굴을 가렸다

거울이 있는 방의 풍경은 외길을 내고 있었다. 그 길은 문득 마름모꼴 모서리에서 끊어졌지만, 이름 없는 간이역의 어긋난 철로처럼 엽서 크기 창 너머로 서정(抒情)이 되었다

길의 끝 섶에는 또 다른 내가 나아가지 못한 채 돌아보며 창 안의 날 지켜보고 있어, 창밖에는 바람이 불어 위태롭다고, 낙엽 한 장에도 살이 베일 수 있다고, 창밖의 나에게 거울 안으로 들어오라고 종용했다

창밖의 나는 두 팔을 벌렸다 아래는 아찔한 낭떠러지. 옷섶이 세찬 바람에 유쾌해 보였지만, 착시였다 비틀거리며 발을 떼는 모습에, 이마에 땀이 배었다

　'아프지 마. 나 때문에…… 시련은 행복과 동의어야'
　창밖의 난, 창 안의 나를 위로한다
　'길이 없어, 돌아와……'
　창 안의 난, 창밖의 나에게, 단지 나 자신에게 벌을 내리고 싶었노라 거짓말을 한다

　마름모꼴 방 안에서는 시간 역시 난반사되었다 하루는 48시간이기도, 72시간이기도, 12시간이기도 했다
　난, 나 자신에게 내린 형기(刑期)가 하루바삐 끝나길 바라는 모순을 참을 수가 없었다
　'죽어, 죽어버리라구'

동쪽으로 해가 지고, 거울 속 형광등이 차가운 맥박이 되어 깜빡이고
　'창문을 열어줘!, 창문을 열어줘!'
　거울보다 더 거울 같은 유리창 밖의 내 목소리를 듣고도 난, 모른 척했다
　오른손으로 얼굴을 가린 채, 나 자신에게 사형을 집행하고 있는 중이었다

間 44
―― 쓰다 만 유서

나와 세상 사이엔 한 장의 유리가 있다
투명한, 얇지만 강한
그것은 마치 쇼윈도 같다
어제도 오늘도
쇼가 펼쳐졌고, 펼쳐지지만
어느 편이 관람객인지 모른다

세상은 나를 마네킹으로 보고
난 세상을 진열장 속 유물로 보니
유리를 걷어내면
유물 앞에 선 마네킹이 된다

|해설|

자아해체의 심연을 건너는 미학적 모험

염무웅

1

 자신이 누구라는 걸 밝히면서 시집 해설을 부탁하는 전화를 해올 때까지 나는 시인 구광렬에 대해 아무런 예비지식도 가지고 있지 않았다. 그런데 수화기를 통해 들려오는 그의 음성이 낯선 사람에게 말을 건네는 이의 것이라고는 믿을 수 없을 만큼 활발하고 도무지 거리낌이 없어, 나는 전화를 받는 중에도 속으로 내가 이 사람과 몇 번 만난 적이 있는데 그걸 까맣게 잊어버린 게 아닌가 의심하고 있었다. 그러다가 결국 그의 친근한 기세에 밀려, 원고를 읽어 본 다음에 내 능력이 닿으면 써보겠노라고 반쯤 승낙을 했는데, 그러자 며칠 지나지 않아 시집 원고뿐 아니라 다른 참고자료들도 청탁서와 함께 날아들었다. 꼼짝없이 글을

쓸 수밖에 없는 처지가 된 것이다. 서두에 구차하게 이런 사연을 늘어놓는 까닭은 전화 목소리를 통해 전달되는 그의 낙천적 에너지와 적극적 소통방식이 그의 문학에 있어—어쩌면 그의 인생에 있어서도—대단히 중요한 요소일 거라고 믿어지기 때문이다. 말하자면 이 시집을 읽는 독자들에게 구광렬에 대한 모종의 인상을 미리 알려주는 것이 그의 시를 이해하는 데도 조금은 도움이 되겠다는 생각이 든 것이다.

보내준 자료를 통해서 안 사실이지만, 그에게는 이미 『자해하는 원숭이』『밥벌레가 쓴 詩』『나 기꺼이 막차를 놓치리』『불맛』 등 여러 권의 한국어 시집이 있을뿐더러 그보다 먼저 멕시코에서 출판된 스페인어 시집도 있고, 『체 게바라의 홀쭉한 배낭』을 비롯한 10여 권의 문학 관련 저서도 있다. 나는 이 글을 위해 시집 『불맛』과 산문 「나의 문학세계에 대한 소고」를 읽었고 그보다 먼저 다른 지면에서 「체 게바라의 홀쭉한 배낭」을 읽었을 뿐이다. 그 정도의 빈약한 독서를 바탕으로 구광렬의 문학에 대한 일반론을 전개하는 것은 당연히 나무 몇 그루를 보고 숲에 대해서 논하는 것과 같은 오류가 될 수도 있다. 그런 위험을 무릅쓰고 그의 문학에 대해 먼저 개괄적 요약을 한다면 그의 문학에는 그의 목소리에 들어 있는 것과 같은 야생의 활력, 즉 어떤 강렬한 원시적 힘이 작동하고 있다는 것이다. 그러나 물론 그의 문학을 밀고 나가는 동력으로서의 역동적 세계관은 단순치 않은 복합적 진화 과정의 산물일 것이다. 시집 『슬프다 할 뻔했다』의 세계를 살펴보기에 앞서 시집 『불맛』(실천문학, 2009)에서 두세 편의 시를 감상하는 것은 그런 점을 확인하기 위해서이다.

약력에 의하면 구광렬은 1980년대에 멕시코에서 중남미 문학을 전공하여 학위를 받았고 그곳에서 스페인어로 시를 발표하기 시작했다. 그는 단지 멕시코 문단에 시인으로 등단한 데 그치지 않고 멕시코 문협 특별상을 비롯한 몇 차례의 수상경력도 가지고 있으며, 활동범위도 멕시코를 넘어 브라질과 아르헨티나로 뻗고 있다. 우리나라 문단의 일반적 관례로 볼 때 아주 이색적이고 특출한 경우라 하겠는데, 나처럼 라틴아메리카에 대해 피상적 지식밖에 없는 사람이 판단을 내리기는 어렵지만, 이런 야심적인 활동은 그의 문학적 자아형성에도 핵심적으로 연관되어 있으리라 생각된다. 왜냐하면 그것은 구광렬 문학의 내부세계를 들여다보는 데 필요한 다음과 같은 질문들로 우리를 인도하기 때문이다. 무엇이 그를 낯선 땅 멕시코로 건너가게 밀었을까. 거기서 그는 무엇을 보았고, 그가 본 그 '무엇'들은 그의 내면에 이미 존재하고 있던 것들과 어떻게 충돌하고 또 어떻게 결합했을까. 그가 자신을 시적으로 표현하기 위해 먼저 선택한 언어가 스페인어라는 사실은 그의 문학에 어떤 특징을 부여했을까. 그리고 귀국 후 한국에서 교수가 되고 시인이 되었는데, 이 새로운 인생경력은 그의 시에 어떻게 반영되어 있는가. 이런 의문들에 대한 대답을 모색하는 것이 시집 『슬프다 할 뻔했다』의 해설로 연결되기를 기대한다.

2

 알다시피 멕시코부터 파타고니아까지, 즉 라틴아메리카라고 불리어지는 대륙은 북아메리카와는 아주 다른 역사, 다른 문화를 가지고 있고 정치적으로도 극히 대조적인 성향을 보인다. 유럽의 모험가들에게 '발견'된 15세기 말부터 백인들의 침략을 피할 수 없었던 것은 두 대륙이 마찬가지지만, 북아메리카는 1620년 메이플라워호 도래 이후 250년 동안 토착원주민에 대한 무자비한 인종청소 끝에 백인이 주인 노릇을 하는 또 하나의 유럽으로 변전한 반면에, 라틴아메리카에서는 스페인과 포르투갈 침입자들의 학살과 약탈에도 불구하고 원주민과 백인 사이에 다양한 인종적·문화적 혼합이 이루어지고 원주민 자신의 고유한 혈통과 문화도 상당 부분 원형대로 남겨지게 되었으며, 여기에 흑인노예와 아시아이주민 후예들의 또 다른 요소가 가미되었다. 그런 점에서 오늘날 라틴아메리카야말로 백인침략사의 살아 있는 박물관이자 다문화사회의 움직이는 전시장이라 할 수 있다. 체 게바라의 존재는 말하자면 그

세계사의 모순 한복판에서 솟아오른 해방과 저항의 이미지인데, 예컨대 「뉴욕 브롱크스 동물원」 같은 작품은 그런 모순들의 용광로 아메리카에서 구광렬이 무엇을 보고 어떻게 느꼈는지를 집약적으로 극화하고 있다.

    난, 사람입니다
  1904년 콩고 전쟁에서 아내와 애들을 잃고 미국으로 팔려와 관람객들에게 인간이 원숭이로부터 진화해왔다는 사실을 시청각적으로 보여주기 위해 뉴욕 브롱크스 동물원 원숭이 우리에
    갇혀 있을 뿐입니다
  백인아이들이 침을 발라 밀어 넣는 바나나 조각, 치즈 토막, 빵 부스러기들을 페인트 벗겨진 철망 사이에서 빼내 먹곤, 깨진 멜론만 한 엉덩일 숨길 길 없어 둥근 우리 안을 뱅뱅 돌다 배설하는 모습까지 적나라하게 보여줍니다
  잠 역시 원숭이와 함께 자니 원숭이와 사람의 교미 장면을 특종 삼으려는 기자들이 암놈 원숭이의 붉은 엉덩이를 수놈인 내가 수시로 탐내주길 바라지만, 그럴 순 없어요
  원숭이보다 더 진화된 동물이어서? 죽은 아내가 떠올라서? 성욕이 없어서? 사방으로 트인 우리 때문에?
  아닙니다 우린 서로 다르기 때문입니다
                          —「뉴욕 브롱크스 동물원」 부분

작품의 앞부분이다. 시의 화자는 오타 벵가라는 이름을 가진 아프리카 피그미족 출신의 한 남성이다. 188(?)년생인 그는 전쟁으로 아내와 아이들을 잃고 백인에게 붙잡힌 다음 미국으로 팔려와 동물원의 원숭이 우리에 갇힌 채 미국 관람객들에게 전시되고 있다. 작품의 소재인 오타 벵가의 일화는 너무도 우리의 상식을 벗어나는 것이어서 꾸며낸 얘기처럼 들리지만, 결코 허구적 상상이 아닐 것이다. 오래전 나는 데오도라 크로버라는 미국 인류학자가 쓴 『북미 최후의 석기인 이쉬』(창작과비평사, 1981)라는 책의 번역판을 읽은 적이 있고, 그 책을 바탕으로 만든 영화도 텔레비전에서 본 적이 있다. 세상과 단절된 곳에서 석기시대의 삶을 살던 북아메리카의 야히족이 백인 정복자에게 몰살되고 혼자 살아남은 야히족 청년 이쉬만이 붙잡혀 박물관에 전시되다가 적응하지 못하고 죽게 되는데, 위의 책은 이쉬를 돌보며 북미의 원시문화를 연구하던 백인 인류학자가 그 과정을 기록한 것이다. 나는 인간이란 무엇이고 문명이란 무엇인가에 대한 근본적 회의와 비통한 심정 속에서 그 책을 읽은 바 있었다. 구광렬의 시 「뉴욕 브롱크스 동물원」이 오타 벵가라는 피그미족 생존자의 입을 통해 이 세계의 우월적 지배자들에게 던지는 메시지도 다름 아닌 인간의 본질에 관한 질문일 것이다. 그러나 구광렬의 시는 거기에 그치지 않고 한걸음 더 나아간다. 오타는 이쉬와 마찬가지로 박물관에서 나와 담배공장의 굴뚝 청소부가 되지만, 이쉬와 달리 체제에 순응하는 삶을 끝내 거부한다. 그는 돈을 모아 권총을 구입하고 자살을 선택한다. 마치 액션영화의 최후 장면에서처럼 시는 한 방의 총성을 삽입하고 나서 오타의 죽음이 자살인가 타살인가, 타살이라면 누가 누구를 죽인 것인가, 그리고 죽은 것이 사람인가 짐승인가를 묻는다. 시의 마지막 부분은 다음과 같다.

쾅!

뜻밖에도 자살이 아니네요
我가 我中他를 살해한 것이네요
아니,
我中他의 공격에 我가 정당방위 한 것이네요
아니,
총을 갖고 놀던 한 마리 침팬지가 총기사고를 낸 거네요
아니,
神에게 바쳐질 흑염소 한 마리가 도살됐을 뿐이네요

세상은 날, 비운의 인간으로 기억하겠지만 오히려 동물원에서 더 행복했어요 비록 비좁은 곳이었으나 가슴속은 광활한 열대우림이었으며 그들과 나, 우린 결코 서로 다르지 않음을 온몸으로 느꼈어요
─「뉴욕 브롱크스 동물원」 부분

그러나 구광렬의 라틴아메리카 체험이 체 게바라의 시를 번역하고 메르세데스 소사의 노래에 심취하는 것과 같은 정치적 래디컬리즘으로만 표현되는 것은 아니다. 내가 보기에 그의 문학은 멕시코 유학생활을 통해 두 측면에서 커다란 전환을 겪은 것 같다. 하나는 눈에 잘 띄는 것으로 라틴아메리카 예술의 독특한 미학적 방법론을 학습한 것이고, 다른 하나는 간과되기 쉬운 것으로 구광렬 인생의 심층에 가로놓인 가족사적 원체험 위에 멕시코(내지 중남미)에서의 문화적 경험이 포개진 것이다. 우선 전자의 측면을 간단히 살펴보자.

흔히 '마술적 리얼리즘'이란 이름으로 통칭되는 라틴아메리카 예술의 미학적 경향은 보기에 따라서는 유럽 초현실주의의 남미적 변형이라고 할 수도 있다. 하지만 유럽의 초현실주의는 세계대전의 위기와 서구문명의 몰락의 징후 속에서 부르주아 예술가들에 의해 이론적으로 고안된 것이었지만, 라틴아메리카 예술의 독특한 표현기법은 단순히 서구예술의 영향에 의해 타율적으로 만들어진 것이 아니라 인종적 혼혈과 문화적 혼융, 독재와 혁명 등 리얼리즘과 모더니즘의 이분법으로 포괄되지 않는 중남미 특유의 역사적 현실 자체에서 자생적으로 형성된 것이었다. 1930년대 유럽의 초현실주의와 네루다의 문학이 갈라지는 것은 그런 점이라고 생각되는데, 어쩌면 바로 그런 네루다적인 요소가 구광렬의 시적 개성을 라틴아메리카적인 세계 안으로 강하게 끌어들였을 것이다.

3

그러나 시집 『불맛』에는 시인의 라틴적 미학과 양립하기 어려워 보이는 또 다른 세계가 비중 있게 자리하고 있다. 한마디로 그것은 그의 가족사에 얽힌 빈궁의 기억이다. "어머닌, 사진만 보고 결혼하셨다/시집이라고 와 보니 솥엔 구멍이 나 있고/양은주걱은 닳아 자루까지 닳았으며/순가락은 없고, 나뭇가지를 분질러 만든/짝 모를 젓가락들만 내동댕이쳐져 있었다"고 시작하는 「최무룡」이 대표적이지만, 「누나」「마지막 김치」「흙맛」「불맛」「아버지의 입김」「제삿밥」「어머니의 별자리」「내 마음의 MP3」 등 시집 제3부의 수록작 대부분이 그의 쓰라린 성장사를 증언하고 있다.

이 계열의 시들은 시집 『슬프다 할 뻔했다』에 이르러 차츰 자취를 감추지만, 「풀무질과 어머니」「피난길」「어머니 전상서」 등에서 보듯 아예 사라지지는 않는다. 그러나 간과할 수 없는 점은 이들 작품이 『불맛』에서와 같은 유년 체험의 직설적 토로에만 머물지 않고 있다는 사실이다. 『불맛』에서는 「뉴욕 브롱크스 동물원」의 치열한 비판정신과 「최무룡」의 직설적 화법 사이에 심한 방법론적 격차가 존재했고, 따라서 시집으로서의 내적 통일성에 일정한 균열이 조성될 수밖에 없었다. 그러나 「풀무질과 어머니」 「피난길」 「어머니 전상서」 같은 작품들은 똑같이 유년기 체험에 기반하면서도 체험의 시적 승화 즉 작품마다의 독특한 미학적 의장(意匠)의 구성에 성공하고 있다. 이런 점과 관련하여 외관상 전혀 상반된 뿌리에서 출발한 두 작품이 어느 지점에서 만나고 어떻게 헤어지는지 살펴보자.

아버지 지게 속엔
쌀, 고구마, 감자, 옥수수가 담긴 마대,
요강, 솥, 그릇, 내가 들어 있었다

대포 소리 들리자
아버지 뒤돌아봤다
뒤에는 동생을 업고도 한 아름 옷 보따리를 든 어머니,
홑청에 이불, 담요, 책 보따리를 말아 든 누나,
어머니 허리에 감긴 새끼줄을 잡고서
울며불며 따라오는 일곱 살 형이 있었다

따발총 소리 들리자
아버지, 지게에서 짐을 버리기 시작했다
요강 없어, 똥오줌 못 누겠나

놋쇠 요강을 버렸다

그릇 없어, 밥 못 먹겠나

놋그릇을 버렸다

솥 없어, 밥 못 해 먹겠나

무쇠솥을 버릴 차례였건만

아버지, 놀랍게도 솥 안의 날 빼냈다

솥 밖의 난,

어머니 허리를 감쌌다

어머니, 주저 없이 옷 없다 못 살겠나

옷 보따리를 내팽개친 뒤

고무줄 터진 고쟁이를 추어올리며

날 안고 뛰었다 ——「피난길」 전문

    제목 그대로 피난길의 풍경이 생생하게 그려져 있다. 아버지와 어머니, 누나와 형, 나와 동생으로 이루어진 여섯 사람의 남루한 행렬이 다큐멘터리 영화의 한 장면처럼 선명하다. 이 글을 쓰고 있는 나 자신도 초등학교 3학년 때 6·25전쟁을 만나 바로 이 시에 묘사된 것과 같은 모습으로 피난을 떠났으므로 땡볕 아래 걸어가던 그 여름날의 숨막힘을 잊지 못한다. 그런데 이 작품의 탁월한 점은 그런 위급한 상황을 지극히 경쾌한 리듬과 해학적 서사형식으로 객관화한 것이다. "요강 없어, 똥오줌 못 누겠나" "그릇 없어, 밥 못 먹겠나" "솥 없어, 밥 못 해 먹겠나"—이렇게 아버지가 더 중요한 것을 지키기 위해 덜 중요한 것들을 차례로 버린 데 이어 어머니가 "옷 없다 못 살겠나"라며 옷보따리를 팽개치고 '나'를 안고 뛰는 대목은 웃음과 감동의 복합정서를 유발한다. 이 시의 리듬과 비유법이 품바나 육자배기 같은 우리네 토착적·민속적 전통예술에 뿌리를 둔 것이라면, 다음 작품은 독자를 구광렬의 청춘의 방황이 묻혀 있는 멕시코의 음악적 황홀 속으로 데려간다.

> 오늘은 악기별로 취하고 싶은 밤,
> 바이올린은 소 헛바닥 요리와 함께하는 쿠바쿠바
> 콘트라베이스는 엄지와 인지 사이 소금 덩어리와 테킬라
> 비올라는 양고기 바비큐에 풀케 한 사발!
> 딴다다 따다딴— 테킬라—
>
> 그 언덕을 넘으면 스무 살의 그녀를 만난다네
> 쉰의 그녀가 스물이 된다네
> 손자들이 레몬알처럼 주렁한 노파도 처녀가 된다네
> 빨간 그 언덕을 넘으면
> 딴다다 따다딴, 테킬라—
>
> 행복이란 부족한 것과 넘치는 것 사이에 있는
> 조그만 역이라네

사람들은 너무 빨리 지나치기에 이 작은 역을 못 본다네
그 작은 역 또한 그 빨간 언덕 너머 있다네
그 역의 역장이 바로 내 사촌이라네
딴다다 따다딴, 테킬라—

오늘은 악기별로 취하고 싶은 밤,
당신의 몸 같은 첼로는
파도의 허리를 휘감는 은빛 갈치구이, 메스칼 두 잔!
오늘 밤 나에게 넘치는 건 술이라네
오늘 밤 나에게 부족한 건 여자라네
시를 쓰지 않아도 남자에겐 여자는 시인이라네
오, 센세마야— 푸!　　　　　—「테킬라Tequila」 전문

 흥겨운 가락과 감미로운 속삭임에 마취되듯 감정이입이 되는 매력적인 시다. 어쩌면 이 작품은 네 연으로 이루어진 시라기보다 마리아치 앙상블의 구슬픈 연주가 흐르는 네 악장의 소규모 희가극 같다. 그런데 세심하게 살펴보면 이 시의 언술 속에는 두 화자의 서로 다른 음성이 교묘하게 겹쳐지고 있다. 즉, 카바레(cabaré, 술집을 겸한 대중예술 공연장)의 객석에 앉아 술과 음악과 환락에 점점 더 깊이 빠져드는 등장인물의 시점과 그 바깥에서 카바레 안의 장면(시각)과 음악(청각)을 객관적으로 관찰하는 서술자의 시점이 은밀하게 공존·교차하고 있는 것이다. 구체적

으로 말하면 "오늘은 악기별로 취하고 싶은 밤,/바이올린은 소 혓바닥 요리와 함께하는 쿠바쿠바/콘트라베이스는 엄지와 인지 사이 소금 덩어리와 테킬라/비올라는 양고기 바비큐에 풀케 한 사발!"이라고 외치는 건 주인공 화자이고, "행복이란 부족한 것과 넘치는 것 사이에 있는/조그만 역이라네/사람들은 너무 빨리 지나치기에 이 작은 역을 못 본다네/그 작은 역 또한 그 빨간 언덕 너머 있다네/그 역의 역장이 바로 내 사촌이라네"라고 노래하는 건 카바레 무대의 가수이다. 그러나 이 시는 그 점을 알아채지 못할 만큼, 또는 알아챌 필요가 없을 만큼 독자에게 강한 흡인력을 발휘한다.

4

구광렬 시인에게 멕시코는 깊이 빠져들수록 더 낯설어지는 땅이다. 하지만 돌아온 고국 땅에서도 그는 이방인으로 변해버린 자신을 발견한다. 정리해서 말한다면 그의 삶의 역정은 세월의 흐름에 따라 몇 개의 단층으로 구획된다고 할 수 있는데, 시인에게 문제적인 것은 한 단계에서 다음 단계로의 이동이 거의 언제나 단절 또는 도약을 동반하는 것이어서 그때마다 그가 심각한 정체성의 혼란에 부딪쳤다는 사실이다. 그 자신은 「나의 문학세계에 대한 소고」

라는 글에서 그 점을 이렇게 설명하고 있다: "중남미에서 시인으로 활동하기 시작한 80년대 중반 이래, 인종 도가니 속의 혼종문화 틈에서 '나(我)'의 정체성에 관해 회의를 느끼기 시작했다. 그 결과 이번 작품집의 주제 역시 時間, 空間, 人間 속에서의 '나'의 재발견이라고 할 수 있다." 아마 "중남미에서 시인으로 활동하기" 이전에도, 즉 한국에서의 청소년 시절과 멕시코에서의 유학생활 사이에도 간단치 않은 생활적 굴절과 심리적 비약이 개재해 있을 것이다. 그리고 중남미에서 스페인어로 시를 쓰는 일로부터 한국에서 모국어로 활동하는 일로 옮겨오는 과정에서도 상상하지 못한 복잡한 장애와 갈등의 요소를 극복해야 했을 것이다. 그것은 미국과 칠레를 오가며 영어와 스페인어로 이중언어 작업을 하는 아리엘 도르프만Ariel Dorfman이 겪고 있는 것과는 전혀 성질을 달리하는, 말하자면 정치적인 압박보다 문화적인 단절에서 유래하는 어려움일 것이다. 그런 점에서 「최무룡」이나 「피난길」 같은 작품에 표현된 원초적 체험의 세계와 「테킬라Tequila」 같은 작품에서 보는 바와 같은 라틴적 리듬 속으로의 황홀한 도취의 세계 사이에는 건너기 힘든 심연이 가로놓여 있을 것으로 여겨진다. 그리고 고국에서 교수—시인 노릇하기까지의 변신은 고국을 떠날 때와는 또 다른 역(逆)방향의 재적응 훈련을 요하는 과정일 수밖에 없다. 그런 과정에서 봉착하는 정체성의 혼란과 자아해체의 위험은 시인으로서의 실존의 근거 자체에 대한 위협일 수도 있을 것이다. 누구보다 그 자신이 이런 점을 날카롭게 의식하고 있고, 바로 그 점이 시집 『슬프다 할 뻔했다』의 최대 화두라고 할 수 있다.

    오늘처럼 겨울비 내리면, 난 누구냐. 물만두 한 접시 먹고 타인의 우산을 들고 나오는 난, 누구냐

    번지를 떠올릴 수 없구나. 내 몇 자 몸이 아무렇게나 구부려져 있던 밤. 그래, 1980년 12월 며칠이라 쓴다
    오늘처럼 눈 내릴 날 비 내렸으니, 짧아진 혀뿌리론 아무런 말도 뱉을 수 없었다. 거리엔 裸木보다 더 벗은 그림자들, 빛은 그들 사이를 빠져나간 지 오래. 젖은 우산 속 내 곁에는 안개만, 안개만······
    곧 비가 그치면 새들도 울겠지. 겨울새, 깃털이 맑고도 고운, 아니, 겨울치가 따로 있나 겨울에도 부르르 떨지 않으면 겨울치지
    간사한 혀는 수초 전 만두피의 쫄깃함을 잊어버리곤 수십 년 전 씹었던 葛皮를 못 뱉어 안달이다. 그때 그 혀로 '사랑'을 말하기엔 여전히 神이 필요한 계절. 아, 내 몸은 겨울에 매춘했구나

    오늘처럼 눈 대신 비 내리면, 난 누구냐. 타인의 우산대 끝에 매달린 난······   ―「개성만두집」 전문

이 시에는 세 개의 시간이 존재한다. 다른 말로 하면 각각의 시간들을 살고 있는 세 개의 '나'가 존재한다. 물만두 한 접시를 사 먹고 음식점에서 남의 우산을 들고 나온 것은 현재의 '나'이다. 마치 액자소설의 액자처럼 첫 행과 끝 행에 배치되어 있는 이 현재는 '겨울비'를 매개로 그를 과거로 데려간다. 그리고 자연스럽게 그로 하여금 지난날의 번뇌와 고독, 가난과 일탈을 떠오르게 한다. 그날도 오늘처럼 비가 내렸고, 낯선 외국어로 말 붙일 사람도 찾을 수 없었으며, 젖은 우산 속으론 안개만 자욱했다. "곧 비가 그치면 새들도 울겠지"—이 구절은 낯선 땅에서 밤을 지샜던 그 1980년 12월과 이제 멕시코보다 더 낯설어진 오늘의 시점에 이중으로 관계한다. 어디에서도 소속감을 확보하지 못한 부랑(浮浪)의 신세이기에 겨울비는 그의 혀에 오늘의 만두 맛을 넘어 수십 년 전에 씹던 칡껍질〔葛皮〕 맛을, 즉 가난했던 유년시절의 기억을 호출한다. 그것은 원초적 출발점에로의 무의식적 회귀본능이다. 이 분열된 시간 속에서 "타인의 우산대 끝에 매달린" 나의 모습은 자아상실의 위기로 확대되는 것이다.

연구실에서 면도를 하다,
하나밖에 없는 거울을 떨어뜨린다

그중 큰 조각을 들어서 본다
얼굴의 일부가 거울 밖에 놓인다
왼쪽 귀가 전기면도기의 소음을 듣는 동안
오른쪽 귀는 60년 여름 장마를 듣고
오른손이 파랗게 깎인 턱수염을 더듬는 동안
열 있는 이마에는 90년 대설 주의보가 내려진다

거울 속 살점과 거울 밖 살점이 그리워한다
거울 밖 왼쪽 눈이 70년,
광교 낙지집에서 소주잔을 기울일 때
거울 안 오른 쪽 눈은 80년,
멕시코시티 소나 로사 한국정에서 냉면을 먹는다
―「間 41」 앞부분

   이 시에서 자아의 내적 분열상은 시각적 명료성조차 띠면서 거의 카프카적 초현실주의에 근접한다. 타인의 우산에 해당하는 소도구는 여기서는 깨진 거울이다. 남의 우산을 들고 나오는 것이나 거울을 깨뜨리는 것이나 동일한 심리적 맥락 위에서 일어나는 사건이데, 그것은 물만두를 사 먹는 일 또는 연구실에서 면도를 하는 일과 같은 일상생활의 운행에 돌연한 교란을 일으킨다. 이 장면들이 구광렬의 최근 실제 생활을 반영한 것인지 어쩐지 나로서는 알 길이 없지만, 어떻든 시인의 청소년기 체험들이 가족사적 유대에 강력히 묶여 있음으로써 경제적 궁핍에도 불구하고 심리적 안정성을 잃지 않음에 비해 오늘의 그의 생활과 정서는 교수라는 안정적 신분에도 불구하고 평온한 가정으로부터의 추방이라는 불안정에 의해 규정된다. 도시의 유목민 같은 이런 삶은 내면세계의 균열을 조장하는 또 하나의 객관적 조건이다.

  깨진 거울은 물론 조각난 자아를 상징한다. 그런데 이 시에서 특이한 것은 자아의 분열이 시간적 단층을 절개하면서 거울 안과 밖을 무차별적으로 가로지르고 있다는 점이다. 따라서 "60년 여름 장마," "70년,/광교 낙지집에서 소주잔을 기울일 때" "80년,/멕시코시티 소나 로사 한국정에서 냉면을" "90년 대설주의보" 같은 구절들이 얼핏 환기하는 일화들은 화자의 인생역정을 순차적으로 종단하는 질서 있는 연대기가 아니라 현재의 분열된 의식을 자동기술의 기법으로 비춰주는 파편적 영상일 뿐이다. 그러므로 "얼굴의 일부"는 아직 "거울 밖에" 놓여 있고, "난 누구냐"(「개성만두집」)라는 질문은 여전히 미해결의 장으로 남아 화자에게 번민의 시간을 강요한다.

5

  시집 맨 앞에 수록된 작품 「슬픔」은 구광렬 시인이 겪고 있는 자아의 분열 또는 다중적 정체성의 혼돈을 미묘한 초현실주의적 구도 속에 형상화한다. 시인은 '슬쁨'이란 조어가 슬픔과 기쁨의 합성어라고 설명하고 있는데, 다시 말하면 그것은 정반대되는 감정의 샴쌍둥이 같은 병존상태 즉 분리될 수 없이 하나를 이루고 있는 미묘한 복합감정이다. 그러나 이 작품에서 슬픔과 기쁨이라는 상반된 감정이 시인의 설명처럼 어떻게 하나의 상태 안에서 이종접합heterojunction을 구현하고 있는지 이해하기는 쉽지 않다.

   새 한 마리 날자 숲의 밑자락 굳기 시작한다 나무들과 난거친 파피루스 속 풍경이 되어 원근을 잃어간다 그림 속에 갇히기 싫은 새는 푸드득 날갯짓하지만 다리와 꽁지가 그림 속에 갇힌다
   반 이상 그림이 돼버린 산 그림자, 산들바람에도 팔랑인다 그림 밖 새의 몸통에서 떨어지는 깃털은 그림 속 치켜든 내 얼굴을 간질이다 옷자락 무늬가 되기도, 하지만 부피 없이 가라앉는다
   난 무량한 점으로 이루어진 선, 기력을 다해 몸의 끝점을 그림 밖으로 밀쳐보지만 빠져나가는 건 해 질 녘 연기 같은 내 그림자뿐. 믿을 건 기도밖에 없으나 기도는 내 몸의 지도를 더듬을 때만 역사하는 것이니 부피 없는 두 손을 모을 순 없고
   흐르는 구름 아래 정지된 숲, 몸통의 반이 그림 밖으로 돌

출된 새, 까악까악 슬피 노래하다 기쁨으로 우는, 막 빠져나
가버린 내 그림자 반 장   ──「슬쁨」 전문

지금까지 검토해온 시들과 이 작품이 결정적으로 구별되는 것은 그 현실 관련성에 의해서이다. 구광렬의 대부분 작품은 「개성만두집」이나 「間 41」에서 확인했듯이 그의 전기적 사실들 속에서 일정한 조회(照會)를 구할 수 있다. 이것은 시의 화자가 말하는 내용들이 시인의 실제 경험에 직접적으로 대응된다는 뜻이 결코 아니다. 예술과 현실은 당연히 다른 평면 위에 존재하며, 아무리 극사실주의적으로 묘사된 작품이라 하더라도 실물을 대체하는 것은 아니다. 그러나 아리스토텔레스 이래 수많은 이론가들이 설명했듯이 예술은 실제를 '모방'함으로써 우리에게 현실의 그림illusion을 제공하는 것으로 믿어져왔다. 그런데 20세기 모더니즘 이후 예술의 혁명적인 점은 작품과 현실 사이의 이런 전통적 관계를 파괴했다는 것이다. 「슬쁨」의 화자인 '나'는 숲 속을 거닐다가 돌연한 계기에 '나'를 포함한 풍경의 일부가 하나의 정지화면 안에 갇히게 된다고 기술하는데, 이렇게 하나의 묘사 대상을 캔버스의 테두리 안에 갇히는 부분과 그 바깥으로 삐져나오는 부분으로 나누는 발상은 과연 초현실적이다. 이런 기발한 발상법은 다음의 인용에서는 거의 코믹하다고까지 할 수 있는 개성적 연출을 통해 매우 특이한 작품을 만들어낸다.

화가가 아닌 A, 벽에다 캔버스를 걸어놓곤 그림을 즉석에서 그린다. 늑대 그림.
 하지만 머리와 몸통이 너무 크게 그려진 나머지, 꼬리와 다리가 담기질 않는다

 조각가가 아닌 A, 못 그린 다리 부분을 점토로 만들어
 다리 부분이라 예상되는 캔버스 하단에다 붙인다

 닥종이 작가가 아닌 A, 꼬리를 닥종이로 만들어
 꼬리 부분이라 예상되는 캔버스 가장자리에다 잇는다

 행위 예술가가 아닌 A, 중절모를 벗어던진 뒤 토끼 가면을 쓰곤
 늑대 머리 부분 앞에서 바들바들 떠는 시늉을 한다
―「間 31」 부분

아주 단순하고 구체적이어서 언뜻 읽기에는 이상한 데가 없어 보인다. 사실 카프카의 소설들도 「변신」 같은 작품을 제외하면 디테일에서는 대체로 평범하고 즉물적인 묘사들로 일관되어 있어서, 기괴하거나 난삽한 것과는 거리가 멀다는 느낌을 준다. 그러나 카프카 소설의 놀라운 점은 세부적인 묘사가 구체적이고 사실적일수록 작품 전체는

더욱 부조리하고 불가해한 양상을 띤다는 점이다. 그런데 더 놀라운 것은 그가 자기 시대의 유행적 문학을 "있는 그대로의 세계에서 메이크업〔扮裝〕의 세계로 도피해 들어가는 현상"으로서 통렬히 비판하고 그 자신은 '정직한 기록자'의 길을 간다고 자부했다는 점이다. 카프카의 문학을 '정직한 기록'으로만 보는 데는 문제가 있겠지만, 그가 자기 시대의 위선과 속물주의를 단연코 거부했던 것은 믿을 수 있다. 이런 맥락에서 우리는 구광렬의 문학적 열정에 신뢰를 가지면 가질수록 「슬픔」 같은 작품이나 연작시 「間」에서 그가 진정으로 고민하고 있는 것이 무엇인지 새삼 묻게 된다. 왜냐하면 이들 작품에서는 단순히 정체성의 혼돈 또는 자아의 분열이라는 수사적 설명으로는 모자란 심각한 정신적 위기상황의 문제화가 다루어지고 있기 때문이다. 그것은 단지 한 개인의 심리적 위기에만 관련된 사안이 아닐 것이다. 그것은 소외와 분열에 신음하는 현대문명 전체의 위기와도 무관치 않으리라 믿어지는데, 위기에 대한 그의 전신적(全身的) 도전이 주목되는 이유이기도 하다.